KB188892

나는 작아지고 은혜는 커지고

나는 작아지고 은혜는 커지고

펴낸날 ‖ 2025년 3월 27일 초판 발행

지은이 ‖ 김홍배

펴낸이 ‖ 유영일

펴낸곳 ‖ 올리브나무   출판등록 제2002-000042호

경기도 고양시 일산동구 정발산로 82번길 10, 705-101

전화 031-905-8469, 010-7755-2261

팩스 031-629-6983   E메일 yoyoyi91@naver.com

대표 ‖ 이순임

ⓒ   김홍배, 2025

ISBN 979-11-91860-42-9   03230

값 17,000원

나는 작아지고
은혜는 커지고

김홍배 지음

올리브
나무

우리는 우리의 기도와 우리가 받은 은혜를
흐르는 물에 새기지만
하나님은 우리의 기도를
돌에 새겨 기억하신다.

—본문 중에서

나의 열심이 이끌어온 줄 알았던
내 삶을 위해
나보다 더 열심으로 이끌어주셨던 하나님께

보이지 않는 손으로 이끌어주신
인생의 상수常數, 하나님을 고백하다

흔히 책임 있고 열심 있는 사람을 성실한 사람이라고 말한다. 거기에다 현재 상황을 바로 파악하고 미래에 대한 비전까지 있다면 탁월한 리더십을 가진 사람으로 인정한다. 김홍배 교수는 바로 그런 사람이다. 워낙 타고난 열심과 성실성을 가지고 어디에 있든 무엇을 하든 최선을 다하는 사람이다. 인생은 일반적으로 이런 사람들에게 호의를 베풀고 걸어가는 발걸음에 성취와 성과를 허락해 준다. 김 교수 역시 전체적으로 보면 이런 인생의 일반적 공식에 걸맞은 인생을 살아온 셈이다. 한 가지만 빼고. 그 한 가지가 우리 인생의 상수다.

우리 인생에는 참으로 많은 변수가 있다. 따로 증명할 필요도 없이 살면 살수록 이게 사실이라는 것을 실감하게 된다. 김 교수 역시 이런 면에서 보면 순탄치만은 않은 인생을 살아온 것처럼 보인다. 직업군인의 꿈을 접어야 했고, 처음부터 꼭 원하지는 않았던 전공을 선택하게 되고, 대학원에 진학하고, 힘든 유학 시절 이후 모교에서 가르치게 되고, 4대째 예수 믿는 독실한 기독교 집안의 사람과 결혼하게 되고 등등. 그러나 이 모든 인생의 변수 뒤에 숨어서 작용하는 인생의 상수가 있었다는 것을 이 책 내내 간증처럼 밝힌다. 때로는 담담히, 때로는 감사와 감격의 마음을 담아 진술하고 있다. 그분이 김 교수가 만난 하나님이다.

신약성경 야고보서에는 한 사람이 비유로 등장하는데, 요즘으로 보면 실력도 있고 수완이 좋은 사람이다. 그가 일 년 동안 어느 도시에 가서 장사해서 돈을 많이 벌 것을 계획하였다. 거의 완벽한 청사진을 세우고 성공을 꿈꾸었다. 그런데 성경은 그런 사람을 책망한다. 한 가지를 빠뜨렸기 때문이다. 바로 하나님의 뜻이다. 전능자의 인도하심이다. 우리 인생에 변함없는 상수요 주인이신 하나님의 존재를 인정하지 않았기 때문이다.

이 책은 그 반대다. 하나님께서 보이지 않는 손으로 보이는 모든 것을 조절하셔서 자신의 발걸음을 여기까지 인도하셨다는 하나님 고백서이다. 인생에 수많은 변수가 있지만 결국 자신의 인생은 이 많은 변수를 조합하여 최상으로 최선으로 이끄신 하나님의 섭리요 작품이라는 것이 김 교수가 말하고 있는 인생 메시지다.

그는 갈수록 충요성이 커지는 도시계획과 도시공학 분야의 탁월한 학자로 평생을 살아왔다. 또 이 분야의 신뢰받는 전문가로서 여러 굵직한 행정책임자의 자리를 역임했다. 교회에서는 가장 낮은 자리에서 주차 봉사로, 젊은 병사들을 섬기는 군 전도위원으로, 몇 사람의 영혼들을 섬기는 소그룹의 리더로 오랫동안 헌신해 왔다. 자신이 받은 은혜를 평생 흘려보내면서 살아온 셈이다.

김 교수의 인생 이야기는 우리 모두의 인생을 반영하는 거울이다. 따라서 이 책은 이제 막 인생의 목표를 향하여 출발한 사람도, 그 목표지점을 지나 인생의 반환점을 돌아온 사람도 읽어야 할 책이다. 아마 책을 다 읽으면 새삼 책의 제목이 와 닿을 것이다. '나는 작아지고 은혜는 커지고.' 오직 하나님께 영광!(Soli Deo Gloria)

남서울은혜교회
담임목사 박완철

프롤로그

대학 졸업 후 43년이란 시간이 훌쩍 지났다. 나름 치열하게 보낸 시간을 돌이켜 보면 보람도 많았지만 좀 더 잘 보낼 수 있었는데 하는 아쉬움도 적지 않다. 나이가 드니까 달라지는 것이 많다. 무엇보다도, 기억력과 체력이 떨어지고 복용하는 약이 많아지고 있다. 어쩌면 당연한 변화일지도 모른다. 자동차를 보더라도 5년만 타면 여러 부품을 교체해야 한다. 66년 이상을 사용한 몸이니, 상태가 예전과 같다면 그것이 오히려 이상하지 않을까?

반면 나이가 들면서 사고력과 세상을 이해하는 능력이 향상됨을 느끼기도 한다. 이전에는 이해하지 못했던 것들이 이해되기도 하고, 세상이 작동하는 이치도 조금 더 알게 된 것 같다. 특히 이전에는 내 모든 것이 다 혼자의 노력으로 이룬 것 같았으나, 이제는 내가 알지 못했던 힘이 작용했음을 깨닫게 된다.

나는 또래에 비해 상대적으로 다양한 경험들을 했다고 할 수 있다. 그런 경험들을 돌아보며 『젊은이여, 몸과 마음의 허리를 곧게 펴라』(올리브나무, 2022)를 출간했다. 그때는 정년을 앞두고 있었고, 생활하면서 얻은 나름의 경험들을 글로 남기고 싶다는 생각 끝에 글을 써 내려갔다. 그 책이 출간되자 '허리를 곧게 펴라'는 말에 신체교정에 관한 책인 줄 알았다고 농담하는 친구도 있었다.

지금도 나는 가끔 그 책을 읽어 보는데, 읽을 때마다 마음에 걸리는 부분이 있었다. 그 책을 보면 내가 모든 것을 스스로 결정하고 노력하며 살아온 것 같은데, 과연 '스스로' 그랬었나 하는 생각이 부쩍 드는 것이다. 언급했듯이, 내 인생을 스스로 만들었다기보다는 보이지 않는 힘에 의해 이끌려왔다고 말하는 것이 더욱 정확한 표현일 것이다.

인생에서 중요할 것이라 여겨 신중히 선택한 일들이 시간이 지나고 보니 그렇게 중요하지 않았던 반면, 하찮으리라고 생각하고 가볍게 선택한 것이 후에 중요한 전환점을 주기도 했다. 또한 어떤 일을 마치면서 그것이 내겐 마지막일 것이라 믿었는데, 그것으로 인해 다른 기회가 오기도 했다. 그리고 보면 인생의 철칙은 "예상대로 되는 것이 없다!"가 아닐까 싶다.

나는 도시계획을 45년 넘게 공부했지만, 도시에서 계획대로 되는 일이 많지 않다는 것을 누구보다 잘 알고 있다. 그러면 인생에서 인간이 계획하고 행하는 일들에 대한 근본적인 의문을 품게 된다. "지금의 나는 정해진 운명에 의한 것인가, 아니면 내 선택에 의한 결과인가?" 이런 질문은 우리들이 통상적으로 갖는 질문, "운명은 주어지는가, 아니면 만들어가는 것인가?" 하는 질문과 동일하다고 할 수 있다.

나는 철학자도 아니고 명리학자도 아니지만, 경험을 바탕으로 말하자면 둘 다 맞는 것 같기도 하다. 다만 분명한 것은, 어느 하나가 부족할 경우, 결실 있는 삶을 기대하기는 어렵다는 것이다. 하늘이 주신 운명에 자신의 열심을 낼 때라야 우리는 의미 있고 결실 있는 삶을 살아가게 되리라는 것을 믿는다.

이 책은 지난 시간을 돌아보며 내가 어떻게 소망을 갖고 열심을 낼 수 있었는지, 그리고 그 열심은 과연 어디에서 왔는지에 관한 이야기이다. 비록 평범한 소시민으로 살아왔지만, 평범한 사람에게도 그런 스토리가 있다는 것을 이 책에서 말하고 싶다.

우연히 1979년 4월, 이화여대 후문에 있는 다락방의 한 모임에 가게 되었고, 그곳에서 진지하게 하나님을 믿는 사람들을 만나 '세상에는 이런 사람들도 있구나!' 하면서 놀라워했던 적이 있다. 그리고 그해 11월, 더 이상 그 모임에 나갈 수 없어 사람들 앞에서 평생 처음으로 기도를 했다. 그곳에 모인 학생들을 보니 하나님은 분명히 계시는 것 같고, 나도 그들과 같은 믿음을 가질 수 있는 기회를 허락해 달라는 내용이었다.

그때의 어눌하고 어색한 내 기도를 하나님은 들으셨고, 기억하셨다. 그 결과 4대가 하나님을 믿는 집안의 딸을 만나 어렵게 결혼하게 되었으며, 침례를 받고 안수집사가 되어 여러 봉사 활동도 하게 되었다. 내가 받은 축복은 가히 남들이 생각하는 것 이상이었다.

이 책에서 하나님은 살아계시고 역사하심을 내 경험을 바탕으로 말하고자 했다. 소설이나 영화에서처럼 바다가 갈라지는 드라마틱한 반전이 없으며, 이 책은 그저 평범한 사람의 인생 전개과정을 중심으로 구성되었다. 그러나 인생의 중요한 갈림의 길목에서 하나님이 나를 어떤 길로 인도하셨고, 나는 어떻게 했는지를 말하고자 했다.

이 책에서는 대학 졸업 후 지금까지의 삶을 크게 6장으로 구분했다. 제1장에서는 대학생활과 군대생활에 관한 것을 써 내려갔다. 원래 군인의 길을 가려고 대학시절 ROTC를 지원하여 멋진 지휘관을 꿈꾸며 준비했으나, 결국 군에서 전역해야 했다. 전역할 때의 내 모습은 한마디로 무너진 목표와 방황 그리고 휘청거림이었다. 그러나 군 복무 기간 배운 소중한 것이 있었으니, 그것은 바로 몸과 마음의 자세였다.

제2장은 방황과 휘청거림에서 벗어나 어떻게 희망의 빛을 보게 되었는지에 관한 내용이다. 바쁜 회사에서의 일과 대학원에서 공부를 병행하면서 희망의 빛을 보게 되었고, 유학까지 결심하게 된 과정과 믿음 깊은 아내를 만나 교회에 나가게 된 계기에 대해 설명했다. 이 기간은 바로 사회를 배우고 공부를 시작한 기간이었으며, 내가 가장 열심히 산 기간이기도 했다.

제3장은 유학에서 겪었던 어려움과 귀한 믿음의 사람들과의 교제에 관한 내용을 소개했다. 공부를 하기 위해서 유학을 갔으나, 내게는 공부보다 더 중요한 믿음을 갖게 되었다는 사실이 무엇보다 소중했다. 유학기간은 내가 하나님께 가장 진지한 마음으로 가까이 가려고

했던 기간이었다. 그리고 졸업할 즈음에는 진로의 갈림길에서 내가 선택을 위해 무엇을 했고, 어떤 자세를 취했는지에 대해 설명했다.

제4장은 박사학위를 취득하고 교수가 되어 겪었던 어려움과 이를 극복하는 과정, 그리고 학교 내에서 활동했던 다양한 봉사에 대해 설명했다. 이 기간은 한마디로 '가르치며 배운 기간'이었다. 그리고 교수를 하면서 군에서 배운 자세와 회사에서 배운 자세가 얼마나 소중한 재산이었는지를 절실하게 느낀 시간이기도 했다.

제5장은 교회에서의 봉사와 학교 외부에서 했던 봉사를 소개했다. 활동이 다양해지면서 많은 관계가 복잡하게 형성되었고, 그만큼 시간을 효율적으로 사용해야 했으며, 그러자니 모든 관계에 충실할 수는 없었다. 그런 환경에서 나는 가족과 하나님을 위해 마땅히 써야 할 시간을 일차적으로 크게 줄였다. 그러면서 나는 마음속으로 하나님께 "그래도 제가 기본은 하지 않습니까?"라며 애써 변명을 하기도 했다. 그럼에도 불구하고 하나님은 내게 여러 기회를 주셨는데, 그것은 주님의 나라를 확장하고, 축복의 통로 역할을 하라는 사명이었다. 그러나 나는 이 사명에 충실하지 못했다. 그래서 이 기간이 내게는 가장 아쉬움으로 남아 있다.

마지막 제6장은 내가 걸어온 길은 보람의 길이었고, 축복의 길이었음에 감사하는 장이다. 하나님이 내게 그런 축복을 허락하신 데에는 오래전에 나를 위해 간절히 기도했던 분이 있었기 때문이었다. 그런 사실을 생각하면 하나님께 드리는 기도가 결코 땅에 떨어지지 않음을 알게 된다. 지난 시간을 뒤돌아보니 하나님께서 먼저 내게 소망을 주셨고, 소망을 이루기 위해 열심도 주셨음을 깨닫게 된다. 이런 깨달음과 함께 앞으로 살아가는 데 있어서 취해야 할 자세로 책을 마무리했다.

이렇게 글을 쓰고 나니 부끄러운 마음이 크지만, 한편으로는 글을 마칠 수 있어 다행이라고 생각한다. 이 자리를 빌려 책을 씀에 있어 처음부터 마지막까지 용기와 격려를 해준 한양대 김태식 교수께 깊은 감사의 인사를 드린다. 또한 출판업계가 어려운 시점임에도 불구하고 부족한 책을 기꺼이 출판해 준 도서출판 올리브나무의 유영일 사장님과 이순임 목사님께 충심으로 감사드린다.

지금 병상에 계시는 어머니를 생각하면 늘 마음이 숙연해진다. 하염없는 사랑으로 아들을 보살펴주시고 아들의 작은 일에도 큰 기쁨으로 사신 분이다. 평안하시길 기원하는 마음이다. 그리고 많은 인내와 기도로 나를 지켜준 아내와 가족 모두에게 감사의 마음을 전한다. 마지막으로 부족한 나를 열심히 이끄시고 지혜와 능력 그리고 열심을 주신 하나님께 모든 영광을 돌린다.

2025년 2월 28일
저자 **김홍배**

차 례

제1장

책임감과 수용성을 배운 젊은날

젊었을 때 책임감을 배우는 데는 군대만한 곳이 없는 것 같다. 그리고 책임감이 강한 사람은 어느 곳에서나 환영받는다. 최소한 자신의 역할에는 충실할 것이기 때문이다.

수용성이란 간단히 말해 다름을 인정하고 받아들이는 것을 의미한다. 수용성은 상명하복의 관계를 중시하는 군에서는 기본적인 자세이다. 수용성은 군대뿐만 아니라 사회생활에서도 동일하게 중요하다. 왜냐하면 수용성은 궁극적으로 포용력과 리더십으로 연결되기 때문이다.

대학생활과 다락방 모임

∙∙

모인 사람들을 보니 하나님이 정말 계시는 것 같았다.
하나님이 허락하시면 나도 그들과 같은 믿음을 가지고 싶었다.

장래 목표 설정

나는 도시공학을 학부와 대학원에서 전공했고, 30년간 대학에서
연구와 교육을 했으며, 현재는 명예교수로 학생들을 가르치고 있다.
생각해 보면 교수는 참 좋은 직업이다. 교육과 연구 외에도 방학이
있어 하고 싶은 일들을 마음껏 할 수 있었고, 시간도 자신의 입장에서
충분히 관리할 수 있었으니 말이다. 그리고 사회에서의 다양한
봉사의 기회는 덤이었다.

그러나 내가 교수를 하면서 늘 부담스러운 것이 있었는데, 그것은
사회가 갖는 교수에 대한 기대였다. 사회는 교수를 성숙한 인격의
소유자이며 올바른 가치판단의 능력을 보유한 최고의 지성인으로
전제한다. 또한 전공 분야뿐만 아니라 사회의 여러 분야에도 깊은

지식을 보유한 사람으로 보기도 하며, 학창시절에는 책만 가까이한 모범생이었을 것으로 보기도 한다. 한마디로 교수를 모든 면에서 긍정적으로 인식하려는 경향이 통상적이라고 할 수 있다.

30년간 교수를 했던 나는 이러한 인식에 얼마나 부합할까? 결론적으로 말한다면, 전혀 부합하지 않은 대표적인 사람이 아마 내가 아닐까 한다. 일례로 어떻게 대학생 시절을 보냈는지 여실히 드러나는 사건(?)이 있었는데, 그것은 박사학위 논문심사를 통과하고, 국내두 대학교 도시공학과의 교수 지원을 준비하고 있을 때였다. 해외에 있었기 때문에 제출서류 준비를 위해 서울에 있는 처제(현재 부산의모 대학 일본어학과 교수)에게 한양대에 가서 졸업증명서와 성적증명서를 발급해달라고 부탁했다. 물론 당시에는 인터넷이 없던 시절이었다.

처제를 처음 만났을 당시, 나는 직장에 다니면서 밤에는 대학원에서 열심히 공부했고, 유학 준비에 열을 올리고 있었다. 그러니 아내와처제는 내가 학문에 대한 열정이 크고, 학창시절 학업에 충실했던사람으로 오해하고 있었던 것이다. 그리고 유학 중 미국을 방문한처제는 공부에 열중하는 내 모습도 보았으니, 내가 대학생일 때모범생이었을 것이라는 것을 추호도 의심하지 않았을 것이다. 그러나 처제가 내 성적증명서를 보았을 때의 놀라움과 충격은 가히상상을 초월했을 것이다.

성적증명서에 나타난 내 성적은 끔찍했다. F를 받아 재수강한 과목도 있었고(당시에는 재수강의 경우 성적증명서에 도장이 찍혀 있어 F를 받은 과목이 몇 개였는지 쉽게 알 수 있었다.), A를 받은 과목은 별로 없었다. A+를 받은 과목이 여럿 있었으나 그 과목들은 모두 군사교육이었다. 그러니 처제가 놀란 것은 당연하고, 오히려 '사람이 이렇게 변할 수도 있구나.' 하면서 신기해하지 않았을까?

사실 대학에 다니면서 나는 공부와는 거리가 먼 생활을 했었다. 물론 나의 대학시절에는 학내 문제나 10.26, 12.12 그리고 5.18과 같은 사건으로 그야말로 혼란의 사회였다. 그렇기 때문에 안정되게 공부할 수 있는 환경이 아니었다고 변명할 수도 있다. 그러나 아무리 불안정한 사회 환경이었다고 해도 열심히 공부한 학생도 많았으니 그러한 환경이 변명이 될 수는 없으리라.

정직하게 말하자면 난 공부에는 전혀 흥미를 갖지 못한 학생이었다. 대학에 입학하면서부터 전공 공부를 열심히 해서 장래를 잘 준비하겠다는 생각은 아예 없었다. 그 이유는 공부와는 다른 방향의 진로를 생각했기 때문이었다.

당시에는 군인 출신이 정부 관료를 하는 경우가 많아 어린 생각에 사회의 발전은 군인이 이끈다고 믿었었다. 그리고 난 천성적으로 질서와 규율을 중시하는 성격이라 군인이 잘 맞을 것 같았다. 경춘선을 타고 친구들과 교외에 나갈 때면, 화랑대를 그냥 스쳐 지나간 적이 없었다. 내가 있을 곳은 대학교가 아니라 화랑대라고 늘 생각하곤 했다.

대학을 재수해서 입학했고, 재수 때에는 육군사관학교를 가고자 마음을 먹었으나 부모님, 특히 아버지가 반대하셨다. 아버지는 육군사관학교 교수를 하셨으나, 군인에 대해서는 그렇게 좋은 기억을 갖고 계시지 않았던 것 같았다. 아들이 군인이 되겠다고 하니 그 길은 내가 갈 길이 아니라고 하셨다. 입학 후 캠퍼스에서 ROTC 학생들을 발견했고, 미국의 경우 장군들은 웨스트포인트 출신보다 ROTC 출신이 더 많다는 보고자료를 접한 나는 ROTC를 통해 군인의 길로 나가는 것도 좋은 계획이라고 확신했다.

그 후로는 오로지 군에 대한 관심만이 대학생활의 전부가 되었다. 극단적으로 말해, 내게 대학에서의 공부는 단지 장교로 임관하는 데 필요한 자격을 획득하는 것 정도의 의미였다. 마음이 공부보다는 다른 것에 있다 보니 전공에 대해서는 크게 관심을 두지 않았다.

다락방

1979년 봄 고등학교 동창을 우연히 학교 앞 버스정류장에서 만났는데, 느닷없이 그는 내게 종교가 뭐냐고 물어보는 것이었다. 그래서 무교라고 했더니 동창은 자기가 나가는 기독교 서클이 있는데, 여학생들도 많다고 말하면서 같이 가자고 종용했다. 별로 어렵지 않은 부탁이라고 생각했고, 여학생이 많다는 말에 호기심도 발동하여 나는 그의 부탁을 들어주기로 했다.

동창이 말하는 곳은 이화여대 후문에 있는 다락방이라는 곳이었다. 월요일부터 토요일까지 각기 다른 모임이 있었는데, 연세대학교와 이화여자대학교 학생들이 주를 이루었다. 월요일부터 금요일까지 요일별로 모임이 있었는데, 그중 한 모임에 유독 남학생이 많지 않았다. 그래서 누군가가 내 동창에게 남학생들을 데리고 와달라는 부탁을 했고, 그 부탁을 받은 시기에 공교롭게 동창은 나를 우연히 만난 것이었다. (참고로 동창은 다른 요일 모임에 나가고 있었다.)

동창과 함께 그 모임에 가 보니 정말 남학생이 많지 않은 모임임을 알 수 있었다. 처음 온 나에 대해 사람들은 궁금해하는 것 같았고, 앞으로 힘쓸 일에 대한 걱정이 없어질 것 같은 일종의 안도감도 느끼는 것 같았다. 나는 자신을 소개하면서 하나님과 성경에 대해서는 아는 것이 없는 진짜 무식한 사람이라고 말했다. 그리고 흑판에 적힌 예배순서에서 부를 찬송가와 나눌 성경의 말씀 구절이 무슨 암호인 줄 알았다고 하면서, 친구 소개로 왔지만, 이 모임에는 전혀 맞지 않은 사람이라고도 했다.

소개를 마치니까 그곳에 모인 학생들은 나에 대해 과연 저 사람은 어떤 사람일까 하는 일종의 호기심을 갖는 것 같았다. 모임 후 애프터 시간에 그들 사이에 오고가는 대화는 내가 일찍이 경험해 보지 않았던 수준의 대화였다. 또한 자신들을 소개하는데 나와 같은 학번의 학생들이 많았고, 그들은 내게 호의를 보이면서 계속 나와 달라고 요청했다. 난 그 분위기가 좋아서 그들에게 한번 나와서 배워보겠다고 약속하고 말았다.

내가 나가겠다고 했던 것은 하나님과 성경에 대해 알고 싶었기 때문이라기보다는 그들의 분위기 속에 빠져보고 싶다는 마음이 더 컸기 때문이었다. 내가 나오겠다고 하니 사람들은 일꾼 한 명이 들어왔다며 반기는 분위기였다. 사실 그들은 힘쓸 남학생이 필요했고, 나는 무미건조했던 생활로부터 탈피하고 싶었으며, 신선함을 제공할 수 있는 모임에 참여하고 싶기도 했다. 어찌했든지 서로가 기대하는 바는 달랐지만, 그들은 나를 환영할 이유가 있었고, 나는 그 모임에 나갈 충분한 이유가 있었다. 그리고 그 모임이 내게 나쁜 영향을 줄 것 같지도 않았으며, 밑져봐야 이익이라는 것이 내 생각이었다.

이따금 그 모임에서는 도시빈민가에 가서 전도를 할 때가 있었고, 그때마다 나는 솔선수범과 민첩함으로 짐꾼으로서의 실력(?)을 충분히 보여주었다. 그리고 전방에 있는 군부대에 전도갈 때는 이화여자대학교 성악과 학생들로 구성된 4~5명의 노래 선교단이 함께 했다. 당시 그 모임을 지도하는 목사님은 젊고 인상도 참 좋은 분이었는데, 나와 이름도 앞의 두 자가 같아 잘 통할 것이라며 나를 친근하게 대해 주었다. 자세한 기억은 없지만, 장충동에 있는 어느 교회에서 시무하는 목사님이었다.

군부대로 가는 교회의 작은 버스 안에서 노래선교단이 연습을 하는데 기타를 반주할 사람을 찾았다. 짐꾼으로 갔던 내가 통기타로

반주까지 하니 나의 존재가 더욱 드러났다. 선교단은 성가와 포크송을 불렀는데, 찬송과 찬양은 무반주로 그리고 포크송은 내가 반주했다. 그때 내가 반주한 곡이 대학가요제의 금상을 받은 '젊은 연인들', 그리고 사월과 오월이 부른 '장미'였다. 아름다운 목소리로 찬양하며 전도하면 감동과 호소력이 있다는 것을, 그리고 많은 사람들이 마음의 문을 열 수 있다는 것을 확실히 느꼈다. 왜냐하면 믿지 않았던 나조차 그런 마음을 가질 정도였으니 말이다.

언급했듯이, 당시 그 모임에는 나와 같은 학년이 많았다. 자연히 호감 가는 사람도 있었고, 그래서 가까운 교제를 갖게 된 사람이 있었다. 그 학생은 뭔가를 깊이 고뇌하는 사람 같았으며, 나와는 차원이 다른 사람 같았다. 그 학생과 만나 대화를 나누면, 나는 마치 조선 말기에 신학문을 공부하는 여성과 대화하는 돌쇠가 된 것 같은 느낌이었다. 그 학생과의 만남이 계속되면서 문제가 발생했다. 그 모임에는 다른 여학생도 있었기 때문이다.

다른 여학생에게도 호감을 갖고 있는 나를 발견했다. 부끄러운 고백이지만, 한 사람을 좋아한다는 마음이 그렇게 쉽게 바뀔 수 있다는 사실에 나도 놀랐다. 하여튼 당시 모임에 참석하는 학생들은 나와 두 학생 사이의 관계를 잘 알고 있었으리라. 난 그런 관계에 부담도 느껴졌고, 양심에 가책도 받았으며, 두려운 마음도 있었다. 믿음도 없는 사람이 순수한 믿음을 가진 사람들의 모임에 불순한 마음을 갖고 들어와서 삼각관계를 만들어 놓고, 그 모임의 순수성을 떨어뜨리는 것은 하나님께 매우 불경한 것이라 생각했다.

그해 10.26이 발생했고 전국은 혼란 속에 있었다. 나는 그 모임을 떠나는 것과 두 학생과의 관계를 청산하는 것이 옳은 일이라 생각하여 그렇게 했다. 그리고 잠시 일탈에서 돌아와 군인의 길을 가기 위한 노력에 최선을 다하기로 마음을 다시 먹었다. 그 모임에 가서 이제는 나올 수 없다고 말하면서 마지막으로 기도를 하고 싶다고 했다. 기도를 할 때면 늘 딴청을 피웠던 사람이 기도를 하고 싶다고 하니 여러 사람이 놀라워했다.

그 모임의 사람들을 보니 하나님이 정말 계시는 것 같으며, 하나님이 허락하시면 나도 그들과 같은 믿음을 가지고 싶다는 내용의 기도였다. 난 기도를 마치자마자 곧바로 나왔고, 그것이 다락방 모임의 마지막이었다. 그러나 난 그때의 기도를 하나님께서 듣고 기억하셨다는 것을 믿는다.

학군단 입단과 임관

1980년 2월, ROTC 20기로 학군단에 입단했고, 훌륭한 지휘관이 되기 위해 나름대로 열심히 준비했다. 준비는 별다른 것 없이 삼국지와 육도삼략과 같은 병법서 그리고 리더십에 관한 서적을 읽는 것이었다. 삼국지는 몇 번이나 읽었는지 알 수 없을 정도였고, 사람들은 잠을 청하기 위해 책을 읽었다면 난 잠을 깨우기 위해 삼국지를 읽을 정도였다.

그리고 토요일 오후에 방영하는 '배달의 기수'도 열심히 봤다. 나에겐 군대 생활을 접할 수 있는 유일한 통로였기 때문이다. 한번은 토요일에 사람을 다방에서 만났는데, 그 시간에 '배달의 기수'가 방영되었다. 대화를 중단하고 '배달의 기수' 프로그램에 집중하는 나를 보면서 그 사람은 평소 이 프로그램을 보는 사람이 과연 있을까 하고 의심했는데, 이렇게 열심히 보는 사람은 처음이라며 신기하다는 듯이 쳐다보기도 했다.

어찌했든 나는 장교로 임관될 날을 기다리면서 무난하게 생활하고 있었다. 물론 전공에는 여전히 관심이 없었다. 4학년 1학기 때 일이다. 작고하신 강병기 교수님의 도시설계론 과목이 있었다. 그 과목은 시험이나 과제도 없었고, 한 번의 그룹 발표만으로 성적이 주어졌다. 학과 ROTC 동기들은 모두 그 과목을 신청했고, 발표일도 학기 마지막 주에 하겠다고 신청했다. 그렇게 했던 것은 지난 2학년 2학기 때부터 학사 일정이 제대로 지켜지지 않아 학기의 마지막 주까지 간 적이 없었기 때문이었다. 그 경우가 계속된다면 우리는 쉽게 학점을 취득할 것으로 예상했던 것이다.

그러나 그때는 사회가 안정되어 대학교는 학사일정에 따라 진행되었고, 학기말이 다가오자 동기들은 당황하며 급하게 발표를 준비했다. 문제는 마지막 발표가 내용적으로 종합하는 것이어서 앞에서 다루어진 내용을 잘 이해해야만 할 수 있는 것이었다. 앞에서 발표된 내용들을 잘 이해하지 못한 우리는 빈약한 내용으로 발표를 하고 말았다. 그 결과 강병기 교수님은 우리를 크게 나무라시면서 우리 조 모두에게 C를 주셨다.

하계 훈련을 마치고 돌아온 동기들은 어떻게 4학년 학생에게 발표 하나만으로 C를 주실 수 있느냐고 분개하였지만, 난 전혀 개의치 않았다. 왜냐하면 그 과목이 군인이 되려는 내게는 아무런 의미가 없다고 생각했기 때문이었다. 그러나 그렇게 보기 싫어했던 도시설계론의 교재가 훗날 나의 진로를 결정적으로 바뀌게 하는 계기를 제공할 것이라고는 상상도 하지 못했다.

도시공학과 ROTC는 전공 특성 때문에 포병이나 공병으로 병과가 정해지는 것이 일반적이었으나 난 보병으로 지원했다. 왜냐하면 보병 병과가 고생도 많지만 그만큼 기회도 많을 것이고 보람도 클 것으로 생각했기 때문이다. 그래서 난 1지망부터 3지망까지 모두 보병으로 적어냈다.

1981년 가을에 대우그룹은 ROTC 학생을 대상으로 공채를 한다고 발표했다. 졸업 전에 ROTC 학생을 채용하는 회사는 국내에서 대우그룹이 처음이었다. 임관 전에 채용하여 3개월 근무한 후 휴직하고, 전역과 동시에 복직하는 조건이었다. 난 대우그룹에 지원해서 시험을 보았다. 내가 지원한 이유는 단 하나였다. 동기들이 전역하고 군대에 홀로 남았을 때 동기들에게 할 말을 미리 만들어 놓기 위해서였다. 나도 좋은 회사에서 일할 수 있었지만, 군인이 좋아 군을 선택했다는 점을 강조하기 위해서였다. 나는 대우에 합격했고, 12월 초순, 약 100명 정도의 ROTC 동기생들과 함께 그룹 연수원에 들어갔다.

연수 중에 어떤 동기가 내 병과가 포병으로 결정되었다고 알려 주었다. 그럴 리 없다고 하면서 학군단에 확인해 보니 정말 포병으로 결정되어 있었다. 훈육장교에게 전화를 걸어 포병으로는 갈 수 없다고 했더니, 그는 이미 정해졌으니 그냥 포병으로 가라고 했다. 난 끝까지 포병으로 갈 수 없다고 했고, 그러한 대화를 들은 후보생 대장이 보병으로 가고자 하는 나를 매우 특이하게 생각하며 보병으로 병과를 바꾸는 데 도움을 주었다.

한양대 학군단은 받은 병과를 육군행정학교에 모두 반납했고, 나를 보병으로 정하여 한양대 병과를 다시 받았다. 이렇게 하여 나는 보병장교로 1982년 2월 임관하게 되었다. 4년간의 계획이 일차적으로 이루어지는 순간이었다. 그리고 군인으로 장래에 대한 즐거운 상상을 하면서 용산역에서 광주보병학교로 향하는 입영열차에 몸을 실었다.

수색대대 소대장

한번 불을 놓으면 약 4일 동안 그 불이 지속되었다.
불이 번져 나가면서 지뢰들이 터지는데, 그때 나를 소스라치게 놀라게 했던 것은
바로 지뢰가 터지는 위치 때문이었다.

　　보병학교 16주의 기초 교육을 무사히 마치고 철원에 있는 6사단에 배치되었다. 나는 전방으로 배치된 것을 기쁘게 생각했다. 후방에 배치된 동기들은 전방사단으로 배치된 다른 동기들을 위로해 주었으나 난 오히려 그들을 위로해 주었다. 보병학교에서 훈련받을 당시 나의 바람은 사단 수색대대의 소대장이 되는 것이었다.

　　동기들에게 난 수색대대로 가고 싶다고 늘 말하고 다녔다. 왠지 모르게 군인으로 수색대대 소대장이 멋있다고 생각했던 것이다. 그리고 수색대대는 군기가 강하다는 것도 내가 가고 싶은 이유 중의 하나였다. 왜냐하면 언급하였듯이 난 질서를 존중하는 사람이고, 군기는 바로 질서의 정도를 나타내는 것이기 때문이었다.

6사단에 배치되었을 때, 우리 동기들은 사단장 신고와 함께 사단에서 하루 쉬고 다음 날 각 부대로 배치될 예정이었다. 그때 사단 연락장교를 하고 있던 한양대 출신 19기 장교가 한양대 후배들을 불러놓고 수색대대에 가지 말라고 하는 것이었다. 그 말에 귀가 번쩍 뜨인 나는 그 이유가 뭐냐고 물었더니, 일주일 전에 소대장이 비무장지대에서 북한군과 총격전 끝에 사망했다는 것이다.

그는 어차피 2년을 전방에서 근무해야 하니 경계와 훈련의 순환에서 우리 20기들에게 가장 좋은 7연대로 배치될 수 있도록 힘을 써주겠다고 했다. 나는 그의 제안에 좋다고 동의했다. 수색대대에 갔으면 좋겠지만 그래도 생명의 안전이 더 중요하다고 생각했기 때문이었다.

6.25 당시 압록강까지 전진했을 때 한 병사가 압록강 물을 수통에 담는 사진에 나오는 부대가 7연대였다. 그날 밤 7연대의 소대장이 되는 것도 좋겠다고 생각하면서 잠을 청하려는 순간, 내무반에 불이 켜지면서 수색대대 본부 중대장이 나를 찾았다. 그를 따라가보니 앞에서 언급한 후보생 대장이 수색대대장이 되어 나를 기다리는 것이 아닌가? 그는 6사단에 배치된 한양대 출신 ROTC 장교 중 내 이름을 보고 나를 무조건 수색대대에 데려가고자 했던 것이다.

그가 나를 보자 수색대대에 가자고 했고, 나는 못 간다고 완강히(?) 저항했다. 왜냐하면 일주일 전에 사망한 소대장이 생각났기 때문이었다. 그는 알겠다고 하면서 한양대 출신 동기들에게 술을 계속

권했고, 술을 마시지 못하는 나는 분위기상 그가 주는 술을 거절할수는 없었다. 결국 양주 몇 잔을 마신 나는 취했고, 그 틈을 타서 그는 다시 내게 수색대대에 함께 가자고 권면했다.

술기운에 취한 나는 그만 그렇게 하겠노라고 대답했고, 함께 있었던 동기들은 내 얼굴을 보면서 '김 소위가 왜 저래?'하면서 걱정의 눈빛을 보냈다. 아침 일찍 수색대대에서 2명의 장교를 데려가기 위해 지프차가 왔고, 동기들은 2명의 장교를 꼭 전쟁터로 떠나보내야만 하는 군인같이 모두 나와서 환송해 주었다.

지프차를 타고 가면서 마음속으로 '수색대대 소대장이 되겠다고 그렇게 노래하더니 결국은 그대로 되는구나. 인생은 자신이 말한 대로 풀리는구나…'하는 생각이 들었다. 왜 어른들이 말에 늘 조심하라고 강조하셨는지 알 것 같았다. 우리의 인생이 말한 대로 이루어지는 것이라면, 우리는 희망을 말해야 한다고 마음먹었다. 그래야 인생에 기쁨과 발전이 있으리라 믿었기 때문이다.

우리를 태운 지프차가 수색대대에 도착했을 때, 연병장에 있는 병사들은 특공무술을 하고 있었다. 모두가 우람해 보였다. 왜소한 나의 모습을 생각하니 갑자기 작아지는 자신을 발견했고, 그러한 마음을 이기고자 스스로 위로하면서 수색대대장에게 전입신고를 했다.

수색대대장은 나를 1중대 2소대장으로 배정했는데, 이유는 그 소대가 학력이 높다는 것이었다. 당시 수색대대는 완전 편성된

부대로 3개 중대와 본부 중대로 그리고 중대는 3개 소대로 그리고 소대는 소대장 1명과 소대원 43명으로 구성되었다. 대대장이 말한 높은 학력 수준이란 43명의 병사 중 대학교 재학생이었던 병사가 2명이었고, 나머지 41명은 고등학교 졸업인 수준이었다. 그리고 일주일 전에 총격전으로 사망한 소대장이 같은 중대 1소대장이었다.

소대장의 사망 이유가 비무장지대에서 수색 중에 북한군이 매설한 목함 지뢰를 밟고, 그로 인한 북한군과의 총격전 때문이었다고 했다. 지뢰가 그렇게 많으냐고 물어보니 전임 소대장은 다니는 길로만 간다면 지뢰를 밟는 일은 없을 것이라고 말해 주었다. 그러나 내 마음은 서서히 불안해지기 시작했다. 또한 소대원의 신상명부를 보면서 한숨이 절로 나왔다. 소대원 중에는 운동특기자와 유단자가 많았으며, 자신의 성격에 욕설과 난폭이라고 체크한 병사들이 의외로 많았다.

그렇게 하고 싶었던 수색대대 소대장이었지만, 비무장지대에 매설된 지뢰와 북한군과의 총격전 가능성, 소대원들의 심리 특성 그리고 많은 훈련 등을 생각하니 나도 모르게 한숨이 새어 나왔다. 과연 내가 수색대대에 잘 온 것인지 그리고 소대장을 잘할 수 있을지 의심마저 들기 시작했다. 그러면서 나는 나도 모르게 '하나님~' 하며 기도를 했다. 믿지도 않는 하나님께 마음속으로 나의 생명을 보존하고 군 생활을 잘해 나갈 수 있길 기원하고 있었던 것이다.

다음 날 소대장 이·취임식을 마치고 군장을 메고 유격 훈련을 떠났다. 수색대대 복장에는 부착하는 것들이 많았다. 태극기 마크와 6사단 수색대대의 상징인 사자마크 그리고 민정경찰 표식 등으로 군복만으로도 일반 부대와 구분이 되었다. 그런 표식들은 수색대대 부대원들에게 소속감과 자긍심을 심어 주었다. 나도 그런 표식을 부착한 군복을 입고 보니 자신이 참 멋있다는 생각이 들 정도였다.

유격훈련 기간 중 소대원의 작업복을 자세히 보니 수색대대 표식들이 엉성한 바느질로 누더기같이 보였다. 그래서 나는 훈련을 마치고 귀대했을 때, 소대의 총무 역할을 하는 병사에게 (당시에는 그 병사를 기지개라고 불렀다.) 소대원 모두의 작업복을 걷어오게 했다. 작업복을 읍내 세탁소에 맡겨 깔끔하게 재봉틀로 박음질해 주고 싶었던 것이다. 선임하사에게 비용을 물어보니 내가 충분히 지불할 수 있는 수준이었다.

군인들에게 상여금은 당시에 3월, 6월, 9월, 12월에 나왔다. 내가 6사단에 배치된 때가 6월 중순이었으니 월급과 상여금도 받았고, 부모님을 비롯하여 집안의 어른들이 전방에 간다고 적지 않은 돈도 주셨다. 나는 분명히 그 돈이 독신자 장교 숙소(일명 BOQ)의 내 방에 있는 가방 속에 잘 보관되었을 것으로 생각했다.

훈련을 마치고 중대로 돌아오자마자 비용을 주려고 방에 들어가 보니 아뿔싸, 돈이 없는 것이었다. 누군가 내 방에 들어와 수색(?)을 해서 모두 가져간 것이었다. 나는 재빨리 선임하사에게 사정을 말하고 돈을 빌렸다. 그러나 이상하게도 돈이 없어졌다는 사실에도 불구하고 기분이 좋아지는 것을 느꼈다. 없어진 돈이 바로 비무장지대에서 지뢰를 밟지 않는 비용으로 다 지불되었다는 생각이 들었기 때문이다. 그러면서 내가 소대장에 취임할 때에 가졌던 걱정과 우려는 말끔히 사라졌다.

수색작전을 대원들에게 설명하는 소대장(원 안이 필자)

수색대대는 통상 훈련이 다른 부대에 비해 많았으며, 특히 10km 완전군장 구보와 행군이 많았다. 나도 달리기를 잘했고, 고등학교 때는 100미터를 12.8초에 주파하여 반에서 가장 빠른 학생이었다. 또한 체력도 남들에 비해 뒤처지지 않는다고 생각했다. 그러나 구령과 함께 소대를 이끌어야 하는 소대장은 늘 먼저 지치게 마련이었다. 또한 150km나 100km를 행군할 때면, 소대 전체를 신경

쓰면서 행군해야 했으므로 상대적으로 활동량이 많아 지치기 쉬웠다. 사실 힘들 때마다 그냥 주저앉고 싶었지만 나를 바라보는 소대원들을 생각하면 그럴 수는 없었다. 이러한 과정을 거치면서 내 체력은 크게 향상되었다.

소위 DMZ (Demilitarized Zone)라고 하는 비무장지대에서 수색과 매복 작전을 수행할 때, 위험의 순간에 직면하게 되면 소대장은 선두에 나서야 했다. 예를 들면, 한밤중에 내가 담당하는 비무장지대에서 지뢰가 터지는 소리가 났었다. 다음 날 사단에서 폭발의 원인을 알아보라는 명령이 내려왔다.

지뢰가 터진 지역으로 접근해 들어가는데 그 지역은 온통 지뢰밭이었다. 앞선 첨병이 갑자기 정지하면서 지뢰가 묻힌 곳들을 총구로 가리키며 "여기도 있고요! 저기도 있고요!"라고 말하는 것이었다. 그의 말을 듣고 실제 눈으로 보니 지뢰가 파릇파릇하게 피어 있는 것 같았다. 나는 즉시 철수를 명령했고, 내가 앞서서 지뢰 지역을 탐침봉을 이용하여 어렵게 나왔다.

우리 소대가 담당한 비무장지대의 수색로는 알파로, 브라보로 등 다양했었다. 한번은 사단에서 내려온 수색작전의 대상은 알파로 수색이었다. 통문(휴전선에서 비무장지대로 들어가는 문)을 통과하여 조금 이동했더니 병사들이 머뭇머뭇하며 앞으로 나아가지를 않았다. 그래서 왜 가지 않느냐고 하니 이구동성으로 길이 없다는 것이었다. 분명 내가 가지고 있는 지도에는 알파로가 명확하게 표시되어 있었다. 병사들은 전임 소대장도 알파로의 경우 통문을 통과한 후 그냥 있다가 나왔다고 했으나, 신임 소대장인 나는 그렇게 할 수 없었다. 융통성 많은 소대장으로 그들 눈에 비치고 싶지 않았기 때문이다.

도시공학을 전공한 나는 지도를 보는 데 익숙한 편이었고, 보병학교에서도 독도법을 제법 잘했었다. 후방교회법을 통해 지도에서 우리의 위치를 확인하니 조금만 더 가면 알파로를 발견할 수 있을 것 같았다. 그래서 계속 병사들에게 앞으로 가라고 채근했으나 그들은 평소와는 달리 움직이지 않았고, 앞으로 나아가길 주저하고 있었다. 나는 만일의 경우를 대비하여 6명의 병사를 남겨두고 첨병과 무전병만 데리고 길을 찾기로 했다. 가다 보니 눈앞에 늪지대가 나타났는데, 첨병은 더 이상 움직이지 않고 꼼작하지 않았다.

앞으로 가라는 명령을 거부한 채 서 있는 병사에게 화가 났고, 그래서 가지 않겠다면 나 혼자 가겠다고 하면서 늪지대 안으로 첨벙첨벙 걸어 들어갔다. 그러자 결국 첨병이 앞서겠다고 했고, 우리 3명은 늪지대를 무사히 통과했다. 늪지대를 통과하자 알파로가 명확하게 나타나는 것이 아닌가. 그때의 내 기분은 환희라는 단어 말고는 달리 표현할 길이 없었다.

그러나 지금 그 일을 생각하면, 그것은 기쁘고 자랑스러운 기억이 아니라 몸서리쳐지는 기억이다. 왜냐하면 내 행동은 그야말로 자신과 부하의 생명을 위험에 빠뜨릴 수 있었던 정말 무모한 것이었기 때문이다.

6사단은 철원 평야지역에 주둔한 부대이다. 그래서 대전차 지뢰와 대인지뢰 그리고 일명 발목지뢰라고 하는 M14 지뢰가 다른 지역에 비해 많이 그리고 밀도 높게 매설되어 있었다. 특히 M14 지뢰는 땅에 매설하는 것이 아니라 지상에 그냥 뿌려 놓는 지뢰이다. 땅속에 고정된 것이 아니기 때문에 강한 바람이나 비에 따라 이동할 수 있는 특성을 가진 지뢰이다.

늪지대라면 물이 모이는 곳이고, 그렇다면 다른 곳에 뿌려진 M14 지뢰가 강한 비바람에 의해 이동해 와서 모여 있을 가능성이 농후한 지역이라고 할 수 있다. 이러한 면을 생각했다면 내가 늪지대를 통과하자고 한 것은 지휘관으로서 담대함이 아니라 위험하기 짝이 없는 무모한 것이었다. 지금도 그 생각을 할 때마다 가슴을 쓸어내리곤 한다.

봄이면 비무장지대는 화공작전으로 영화 같은 장면이 연출된다. 무성한 나뭇잎들은 병사들이 경계를 하는 데 있어 걸림돌이 된다. 그래서 전방에서는 봄철에 화공으로 나무들을 태워 제거했는데 한번 불을 놓으면 약 4일간 그 불이 지속되었다. 점화 봉을 가지고 들어가서, 남풍이 불 때 사단에서 화공명령을 내리면 우리는 불을 놓았다.

불이 번져 나가면서 지뢰들이 터지는데, 그때 나를 소스라치게 놀라게 했던 것은 바로 지뢰가 터지는 위치 때문이었다. 평소 지뢰가 없어 안전한 지역이라고 믿고 다녔던 곳에서 지뢰가 폭발했던 것이다. 그때까지 안전하다고 믿었던 지역이 사실은 위험한 지역이었던 것이다.

이런 기억들을 떠올려 보니, 내가 수색대대에서 소대장 생활을 무사하게 마친 것은, 순전히 하나님의 보살핌이 있어서였다는 것을 알게 되었다. 그리고 그 보살핌은 바로 하나님이 내 어눌한 기도를 들으시고 기억하셨기 때문이었음을 굳게 믿는다.

신병교육대 교관

난 마음이 불편했다. 왜냐하면 몸이 편한 것이 어색했고,
편한 것을 찾기에는 너무 젊다고 생각했기 때문이다.

보병학교의 교육을 마치고 짧은 휴가를 보낸 후 6사단으로 가기
위해 집을 나설 때였다. 어머니는 집을 나서려는 아들에게 '수색대대
는 위험하다고 하니 절대로 가면 안 된다.'라고 말씀하셨다. 어머니의
말씀을 들으면서 수색대대에 가고 싶다고 말씀드린 적이 없었는데,
어떻게 어머니는 내 마음을 아셨을까 의아해했었다.

당시 전방지역에는 시외 전화를 할 수 있는 곳이 많지 않아 배치된
지 일주일이 지나서야 집으로 전화를 할 수 있었다. 그런데 어머니가
받으셨다. 어머니께 수색대대에 있다고 말씀드리니 어머니께서는
잠시 머뭇거리시더니 "그래, 군 생활 잘해라…" 하고는 전화를 끊으
셨다. 아마 6.25의 비극을 눈으로 직접 목격하신 어머니는 아들이
위험한 부대에 가지 않길 바라셨던 것이다. 자신이 그렇게 말했는데

도 불구하고 아들이 그 뜻을 헤아리지도 못하고 수색대대에 갔으니 어머니는 무척이나 서운하셨을 것이고 속도 많이 상하셨을 것이다.

이 세상의 모든 어머니가 그러시겠지만, 나의 어머니도 아들을 위한 애정이 특별하셨다. 비가 오는 날이나 추운 날에는 전방에서 고생하는 아들 생각에 집에 난방을 하지 않으셨다고 하니 말이다.

나는 소대장의 역할에 나름대로 최선을 다했고, 그러는 가운데 보람도 많이 느꼈었으며, 군인이 내 체질에 맞는다고 생각했다. 그래서 장기복무를 하기로 마음속으로 결정했고, 기회를 봐서 대대장께 내가 가진 지휘관으로서의 꿈을 말할 예정이었다. 그러나 먼저 부모님께 이해를 구해야 했다. 그래서 나는 1박 2일의 외박이 주어지는 날이면 예외 없이 서울에 나왔었다.

집에 갈 때마다 어머니는 정말 상다리가 휘어질 정도로 맛있는 음식을 차려 주시며 아들을 반기셨지만, 귀대할 때면 늘 긴장관계였다. 왜냐하면 외박을 마치고 집을 나설 때면 "이번에 들어가면 장기복무 지원을 할 예정입니다."라고 말씀드렸기 때문이다. 부모님, 특히 어머니는 그런 아들을 이해하지도 못하셨고, 아들이 뭘 모르고 있다고 생각하시는 것 같았다. 그러나 나는 지휘관에 대한 꿈을 포기할 수 없었고, 훗날에 나를 이해하실 것이라고 믿었다.

1983년 봄 어느 일요일에 수색대대장 공관에 찾아갔다. 대대장께 지휘관의 길을 가고 싶다고 말했더니, 그는 내게 청천벽력과 같은 말을 하는 것이었다. 자신도 군대가 싫어서 중도 전역하려고 했었는데, 김홍배 중위 같은 사람을 군에 있게 하고 싶지 않다는 것이 아닌가! 그러면서 그는 나를 군대가 아니고 사회에 나가야 할 사람이라고 단정적으로 말하는 것이었다.

군인으로 남는다면 나는 어떤 군인이 되고 싶었을까? 롤-모델이 있었는데, 그가 바로 수색대대장이었다. 그는 생각이 깊고 성숙한 인격의 소유자였으며, 부대도 권위 있게 지휘하는 것 같았다. 작전 지프차를 타고 다닐 때의 그의 모습은 위엄의 빛이 넘쳐나고 있었다. 그래서 그를 볼 때마다 나도 그와 같은 지휘관이 되어야 하겠다고 마음먹고 있었는데, 그 대대장이 나의 장기복무 신청을 만류했으니 기분이 착잡하고 난감했었다.

대대장은 내 마음을 돌리기 위해 이런저런 말을 했지만, 나는 그의 말을 이해하지 못했으며, 그가 말하는 동안 혹시 내가 소대장으로 실수한 것이 있었던 것은 아닌지를 돌이켜 생각하기도 했다. 결론적으로, 그는 내게 장기복무 지원을 하는 것에 대해서 다시 생각하라고 했지만, 그것은 내 장기복무 계획을 분명하게 거절하는 것이었다. 나는 낙담하면서 대대장 공관에서 나왔고, 눈앞이 캄캄했다. 하지만 혹시 대대장의 마음이 변할 수 있기를 기대하면서 소대장의 역할에 더욱 열심을 내기로 마음먹었다. 그 후 몇 개월의 시간이 지난 어느 날 갑자기 대대장이 나를 호출했다. 나는 그의 생각에 변화가 있길 기대하며 달려갔으나, 그는 내게 놀랍게도 사단장의 전출명령을 전하는 것이었다.

대대장은 나를 신병교육대 교관으로 가라는 명령이 사단에서 내려왔다고 알려주는 것이 아닌가? 그때가 7월 초였다. 전혀 예상하지 못한 그의 말에 나는 그만 말문이 막히고 말았다. 그의 말은 내겐 일종의 진주만 기습과도 같은 것이었다. 수색대대를 떠난다는 것은 꿈에도 생각하지도 못했고, 아무런 마음의 준비도 되어 있지 않았기 때문이다.

대대장은 전투력 높은 청성용사를(6사단은 청성부대였다.) 양성하는 데 내가 적격이라고 사단장께 특별히 추천하여 어렵게 얻어낸 인사였다고 말해 주었다. 받아들이기는 어려웠지만, 나로서는 어쩔 수 없는 인사명령이었다. 하여튼 수색대대를 떠나는 것이 너무 아쉬웠고, 소대원들과 정이 많이 들어 헤어질 때는 눈물도 많이 흘렸다.

신병교육대를 가보니 교관은 부하가 있는 것도 아니었고, 신병들이 입소하면 담당하는 과목만 교육시키면 되었으니 자유함도 있었고, 몸도 편했다. 그러나 난 마음이 늘 불편했다. 왜냐하면 몸이 편한 것이 어색했고, 편한 것을 찾기에는 너무 젊다고 생각했기 때문이다. 그래서 고민 끝에 사단 보임장교를 찾아가서 전출을 부탁하기로 마음먹었다. 내가 군인의 길을 온전히 가기 위해서는 신병교육대를 빨리 떠나는 것이 좋겠다는 생각이었다.

당시 군단 특공연대가 창설되고 있어 그곳으로 보내 달라고 했더니 보임장교는 나를 빤히 쳐다보며 왜 그렇게 좋은 자리를 나오려고 하는지 이해가 되지 않는다는 표정을 지었다. 조금만 더 근무하면 사회에 나갈 장교에게 신병교육대만큼 좋은 자리가 어디 있느냐는 것이었다. 그의 말이 맞지만 내게는 맞지 않는 말이었다.

사단 보임장교는 장기복무 지원에 대한 내 계획을 듣고, 나를 특공연대로 보내주겠다고 말했다. 그래서 나는 전출명령만 기다리고 있었는데, 하루는 신병교육대 인사장교가 내가 기다리는 것은 안 되는 것이니 포기하라고 했다. 그리고 신병교육대장이 내가 전출하고 싶어 한다는 사실을 알고 화가 나 있다고 귀띔도 해주었다. (아마 신병교육대장은 내가 열심히 근무해 교육대의 분위기를 바꿔 줄 것을 기대했기 때문이었을 것이다.) 그의 말을 듣고는 다짐을 했다. 군단 특공연대는 아니더라도 내가 맡은 일에 최선을 다하다 보면 다른 기회가 올 것이니 믿는 마음으로 충실히 생활하기로.

그해 신병교육대에서 사고가 발생했다. 철원은 바다와 멀리 떨어져 있는 격해도 지역이라 겨울이 참으로 추운 곳이다. 추운 겨울에 훈련을 시키다 보니 훈련병 중에서 동상 환자가 많이 발생했고, 이를 파악하는 과정에서 사격 훈련 때 사격수준이 낮은 훈련병에 대한 기합이 문제가 되었다. 사격은 어느 훈련보다 긴장해야 하는 훈련이다. 자칫 방심하는 순간에 총기 사고가 발생할 수 있기 때문이다. 군에서 총기 관련 사고는 생명과 직접적으로 연결된다. 그래서 사격훈련 시간은 교관이나 조교 그리고 훈련병 모두가 긴장해야 하는 시간이다. 하여튼 사격 훈련 교관은 나였으므로 훈련병 기합으로 인한 문제에 대한 책임은 전적으로 내 몫이었다.

보안대에서 중사가 수사하러 신병교육대에 나왔다. 그때 내 주변의 상사와 중사들이 나를 적극적으로 방어해 주었다. "김홍배 중위는 진짜 군인으로 철저한 교육을 하는 과정에서 사고가 발생한 것이라고…" 보안대 중사는 장교가 아닌 하사관들이 나서서 장교인 나를 적극적으로 변호하는 것을 보고 이상히 여기는 것 같았다. 그는 나에 대한 보고서를 잘 작성해 주겠노라고 하면서 돌아갔다.

그리고 한 달 정도 후에 사단의 징계위원회에 출두하라는 통지를 받았다. 징계위원회에 나가서 사격에서 훈련병에 대한 기합은 불가피한 면이 있다고 주장했다. 징계위원회 위원들은 다행히 내 주장에 어느 정도 공감하는 분위기였고, 그 결과는 징계에서 가장 낮은 경고 처분이 내려졌다. (사실 경고 처분은 한 달 정도 후에 내게 전달되었다. 경고 처분이란 한번은 봐주겠다는 것이었다.)

그러나 징계의 과정을 겪으면서 모든 문제에 대한 평가가 문제의 발생 동기나 환경적 특성 등 과정에 대한 고려보다는 오로지 결과만 가지고 이루어지는 것 같아 안타까움이 컸었다. 하여튼 징계위원회를 나오면서 내 길이 군이 아니라는 확신을 하게 되었다. 내 운명에는 정말 군인이 없는 것 같았고, 그 일을 겪으면서 군에 대한 생각도 달라졌던 것이다.

그러는 사이에 대우에서 7월 1일 자로 복직하라는 명령서를 받았다. 그 명령서를 받았을 때, 사회에 나간다는 기대감보다는 막연한 불안감이 나를 압도하고 있었다. 사회에 나갈 준비가 전혀 되지 않았기 때문이다. 대학입학 시절부터 꿈꿔왔던 군인의 길이 막히고 대우에 입사한다고 생각하니 허탈하기도 했다. 그렇게 확신했던 길이 눈앞에서 사라졌던 것이다. 가벼운 마음으로 지원했고, 대우에 복직하는 일은 없을 것이라고 확신했었는데, 결국은 대우가 내게 가장 확실하고 명확한 선택지가 되었다.

혼란은 바른 방향 설정을 위한 첫걸음

··

어부들이 바다에 나갈 때 가장 무서워하는 것은 안개라고 한다.
바다에 안개가 자욱하게 깔리면 방향을 가늠하기 어렵기 때문이다.

군에서 얻은 재산—책임감과 수용성

1984년 6월 30일 사단에서 제공한 버스를 타고 서울로 향했다.
동기들은 버스 안에서 기쁘게 노래를 부르면서 무사 전역을 서로
축하해 주었지만, 난 전혀 기쁘지 않았다. 오히려 처량한 마음이었고,
슬픈 마음이었다. 2년 전 철원으로 가면서 장군이 되는 즐거운
상상의 기억과 수색대대와 신병교육대에서의 기억들이 주마등같이
지나가면서 나도 모르게 눈물이 흐르고 있었다. 그 모습을 본 동기가
내 어깨를 치면서 "김홍배 중위, 네가 우리 6사단에서 가장 멋있게
생활하고 가는 것이야!" 하면서 나를 위로해 주었다.

대학 시절에는 장래에 대한 명확한 방향이 있었고, 그 방향은
절대로 변하지 않을 것이라고 자신했었건만, 군인의 길은 6년 반

만에 완전히 사라지고 말았다. 그러면 군인의 길을 목표로 정하고 그를 위해 전력투구했던 나는 진정 시간과 정열을 낭비하고 만 것인가? 정해진 목표를 달성하지 못했으니 낭비한 것이라고 할 수 있지만, 내용을 보면 낭비한 시간이 아니라 재산을 풍성하게 쌓은 귀한 시간이었다. 단지 그때는 그것을 잘 깨닫지 못했었다.

군 생활을 하면서 얻은 귀한 재산은 과연 무엇일까? 가장 큰 재산은 책임감과 수용성의 자세일 것이다. 군에서는 개인보다는 공동체가 먼저이다. 전체를 위해서는 다른 사람과도 보조를 맞추어야 하고, 자기의 생각을 포기해야 하는 경우도 적지 않다. 어찌 보면 당연한 일이다. 군에서 개인의 일탈은 공동체에 치명적인 결과를 초래할 수도 있기 때문이다. 거대한 댐이 작은 구멍으로 인해 무너지는 것과 같은 이치라고 할 수 있다.

지휘관으로서 공동체를 생각하는 자세는 궁극적으로 책임감으로 이어진다. 젊었을 때 책임감을 배우는 데는 군대만 한 곳이 없는 것 같다. 그리고 책임감이 강한 사람은 어느 곳에서나 환영받는다. 최소한 자신의 역할에는 충실할 것이기 때문이다. 이러한 면에서 수색대대 소대장으로 근무했던 경험은 내겐 큰 축복이었다.

수용성이란 간단히 말해 다름을 인정하고 받아들이는 것을 의미한다. 수용성은 상명하복의 관계를 중시하는 군에서는 기본적인 자세이다. 예를 들어, 대대장의 작전명령에 대해 소대장이 생각이 다르다고 해서 이행하지 않는다면 그 작전은 성공할 수 없다. 수용성은 군대뿐만 아니라 사회생활에서도 똑같이 중요하다. 왜냐하면 수용성은 궁극적으로 포용력과 리더십으로 연결되기 때문이다.

영원한 전우

군에서 얻은 재산 중 무시할 수 없는 것이 바로 사람과의 인연이었다. 전역한 지 40년 이상의 시간이 흘렀지만, 아직도 만나는 귀한 사람들이 있다. 대표적인 사람이 신병교육대에서 만난 이상선 준위였다. 그의 직책은 행정관이었고, 내가 신병교육대에 갔을 때 보니 그는 늘 성경을 읽고 있었으며, 찬송을 즐겨 불렀었다. 그리고 신병교육대 분위기에 적응하지 못했을 때, 이상선 행정관은 내게 많은 위로와 도움을 주었다.

그는 신앙심이 깊었고, 심성이 고운 사람이었다. 누군가 내가 만난 사람들 중에서 가장 신실하다고 생각하는 사람이 누구냐고 물어본다면, 나는 주저함 없이 이상선 행정관이라고 말할 수 있다. 그만큼 신뢰할 수 있는 사람이기 때문이다. 그는 자신이 믿는 하나님을 사람들에게 적극적으로 전도하는 것만이 아니라, 자신의 생활과 행동을 통해 은은하게 전하는 사람이기도 하였다.

이상선 행정관은 66mm 대전차 로켓포 사격 시범을 보이다가 가스가 눈으로 들어가는 바람에 우측 눈이 실명될 위기에 있었다. 그는 그러한 상황에서 하나님께 전적으로 의지하고 싶어 했다.

그는 혼자 있을 때마다 찬송을 불렀는데, 같이 있다 보니 나도 자연히 그 곡을 외우게 되었다. 그 곡의 제목은 '주께서 내 길 예비하시네.'였다.

(1절) 주께서 내 길 예비하시네 주께서 내 길 예비하시네
이제 하루하루를 주님 위해 살리라 주께서 내길 인도하시네

(2절) 나 이제 주를 따라가려네 나 이제 주를 따라가려네
세상 죄 길 버리고 생명 길을 찾았네 나 이제 주를 따라가려네

유학 초기 나는 교회에 나가지 않았다. 기본적으로 교회에 나갈 여유가 없었기 때문이다. 그러나 내가 아침 일찍 학교에 갈 때마다 나도 모르게 이상선 행정관이 불렀던 찬양, '주께서 내 길 예비하시네.'를 부르며 학교에 가고 있는 나를 발견할 수 있었다. 아마 내 마음에 절실함이 많아 하나님께 의지하고 싶었던 것이었으리라. 믿음에서 정말 들음이 중요한 것임을 깨닫는 순간이었다.

내가 그를 만난 지가 40여 년이 훌쩍 넘었지만, 난 아직도 그를 이상선 행정관이라고 호칭한다. 그는 학교에 이따금 와서 나와 만남의 시간을 가졌다. 그때마다 그는 나를 위해 축복 기도를 했는데, 그의 기도는 내게 늘 감동과 위로의 힘을 주었다.

2010년 봄 어느 날, 행정관은 내게 어떤 사실에 대한 보증인으로

서명을 받기 위해 학교로 오겠다고 했다. 그의 사정은 이러했다. 우측 시력을 완전히 잃었는데, 보훈병원에서는 시력의 상실 원인이 대전차 로켓포 시범 교육 때문이라는 것이 인정되어야만 진료비가 전액 면제된다는 것이었다. 그런데 이를 증명할 자료가 보관되어 있지 않았고, 그래서 그런 사실을 확인해 줄 사람이 필요하다는 것이었다. 제출서류를 보니 이름, 전화번호, 직업 그리고 관계 등을 기재하게 되어 있었다.

문제는 행정관과 나의 관계를 무엇이라고 적어야 할지 막연했다. 형제도 친구도 아니고 그렇다고 부하라고 하는 것도 적절해 보이지 않았다. 그런데 갑자기 좋은 단어가 생각났는데, 그것은 바로 전우였다. 그때까지 인식하지 못했었는데, 나와 이상선 행정관의 관계는 다름 아닌 전우였던 것이다. 그와 전우로 맺어졌다는 사실에 기분이 좋아졌고, 그가 더욱 특별하게 생각되었다.

나는 그 후부터 전우라는 단어를 자주 사용했고, 맺어진 인연은 누구라도 전우라고 부르기도 했다. 나는 토지주택연구원장으로 2년간(2022.05.02.~2024.05.01.) 봉사했다. 임기를 마쳤을 때, 연구원들이 준비한 감사패에도 그들은 나를 전우로 표현했다. 그리고 퇴임식 전날 연구원 간부들과의 회식 때에는 나를 자신들의 영원한 전우라고 하면서 현수막도 준비했다.

하여튼 행정관을 비롯하여 군에서 맺어진 인연도 나의 귀한 재산임에는 틀림이 없다. 물론 대대장과 6사단에서 함께 한 여러 동기들

토지주택연구원장 퇴임식 전날 간부들과 식사 장소에 걸렸던 현수막

도 내겐 모두 귀한 사람들이다. 만일 대대장이 나의 장기 복무 신청을 허락했다면, 나는 지금까지 걸어왔던 길과는 매우 다른 길을 가게 되었을 것이다. (물론 그 군인의 길도 내겐 의미가 있었을 것이라 생각한다.) 군인의 길과 다른 교수의 길로 달려왔지만 돌아보면 감사한 길이었다. 그 길은 하나님이 내 어눌한 기도를 기억하시고, 귀한 사람들과의 만남을 준비하시며 그들을 통해 나를 보호하시고 함께하신 길이라 믿어 의심치 않는다.

혼란은 방향 설정을 위한 필수과정

위에서 언급한 재산 외에도 강인한 체력이나 리더십 등 군에서 얻은 재산은 이루 말로 표현할 수 없을 정도로 크고 많았다. 그리고 보병장교에서 얻은 귀한 재산 때문에 지금의 내가 있었다고 말해도 과언이 아닐 것이다.

이렇게 많은 것을 배운 군 생활이었지만 전역할 때는 얻은 재산이 얼마나 귀한 것인지 알지 못했고, 단지 미래에 대한 불안감으로 나는 휘청이고 비틀거리고 있었다. 희망도 보이지 않았고 잘 할 수 있다는 자신감도 없었다. 당시 내 문제의 핵심은 바로 무너진 목표와 나가야 할 삶의 방향 부재였다. 이같이 소망과 방향이 없는 삶이란 혼란과 불안 그리고 허무의 삶인 것이다.

어부들이 바다에 나갈 때 가장 무서워하는 것은 배를 삼킬 듯한 거친 파도나 폭풍이 아니라 안개라고 한다. 바다에 안개가 자욱하게 깔리면 방향을 도무지 가늠하기가 어렵기 때문이다. 지금은 항법장치가 워낙 발전해서 항해하는 데 안개가 그렇게 큰 문제가 되지 않겠지만, 그런 기술이 없을 때는 방향을 잃게 된다는 것은 바로 생명을 잃는 정도의 위험한 상황이 되었을 것이다. 방향을 잃는다는 것은, 비단 어부들뿐만 아니라 누구에게나 위험하기는 마찬가지다.

어떤 일을 맡을 때 사람들은 "열심히 하겠습니다!"라고 인사하는 경우를 종종 본다. 솔직히 난 열심히 하겠다는 인사말을 별로 좋아하지 않는다. 열심히 하는 것보다 더 중요한 것은 잘하는 것이기 때문이다. 사실 열심히 하는 것과 잘하는 것은 차원이 다른 것이며, 잘하는 것의 첫걸음은 바른 방향을 설정하는 데 있다. 잘못된 길로 열심히 가는 것은, 아예 가지 않는 것만 못하기 때문이다.

　내가 비틀거리고 휘청거렸던 것은 방향을 잃었기 때문이지만, 그것은 내가 새로운 방향을 찾기 위해 결단코 거쳐야 하는 과정이기도 했다. 따라서 혼란은 바른 방향을 설정하기 위한 첫걸음이라고 할 수 있다. 나는 그것을 모르고 그런 내 모습에 너무 괴로워했다. 하나님께서는 너무나 부족한, 마치 고깃덩어리와 같은 나를 사람으로 만드시기 위해 그러한 과정을 준비해 놓으셨다.

　설정한 목표는 환경 변화에 따라 늘 바뀔 수 있다. 환경이 바뀌면 선택도 달라져야 한다. 환경이 바뀌었는데도 계속해서 과거의 방식대로 선택을 고집한다면 발전은 기대할 수 없고, 시대에 역행하는 것은 물론 불행한 인생으로 이어질 수도 있다.

　1981년 가을, 대우그룹에 지원한 것은 당시 내게 큰 의미가 없었고, 언급했듯이 그 회사에 입사하리라고는 도무지 생각하지도 않았다. 그러나 대우에 가지 않았다면 지금의 나는 없었을 것이라고 자신 있게 말할 수 있다. 그만큼 대우는 내게 희망의 빛을 보게 만들었던 것이다. 그러나 당시에는 그런 것을 아예 생각하지도 못했고, 단지 다가올 장래에 대한 불안과 무너진 목표로 인해 괴롭고 무거운 마음으로 1984년 6월 30일 오후에 서울로 향하는 버스에 몸을 실었다.

제2장

열정이 살아 숨쉬던 나날들

책을 보면 볼수록, 열심히 일하면 일할수록 시간에 쫓겨 힘들고 지치는 것이
아니라, 오히려 생활에 활력이 생김과 동시에 굳게 닫혔던 미래의 문이 열리는
것 같은 느낌이었다. 시간에 쫓기는 생활은 내게 불필요한 걱정을 할 시간을
없애 주어 결과적으로 시간을 의미 있게 사용하게 만들었다. 이로부터 내가
깨달은 것은 현재에 충실한 것이 미래를 준비하는 데 최선이라는 것과 미래는
미래에 있는 것이 아니라 바로 지금 내 앞에 있다는 사실이었다.

보이지 않는 손이 작용하다

....

현재에 충실한 것이 미래를 준비하는 데 최선이고,
미래는 미래에 있는 것이 아니라 바로 지금 내 앞에 있다.

㈜ 대우 개발사업부

1984년 6월 30일 전역 후 곧바로 대우에 복직했다. 임관 전에
3개월 월급을 받고 휴직했으니 행정상으로는 복직이었으나 실제로
는 어느 부서에서도 근무하지 않았기에 신입사원과 같은 입사였다.
전역 당시 양복이 없어 부서 배치를 위한 면담에 어떤 옷을 입을까
많은 고민도 했었다. ROTC 학생 때와 군 생활 당시에는 단복과
군복만 입어서 옷 때문에 고민한 적이 없었고, 제대로 된 양복을
입어볼 기회도 사실 없었다.

군복은 나 같은 사람에게 정말 편한 것이었다. 더우면 소매를
걷어 올리고, 추우면 소매를 내리고, 더 추우면 내복과 야전잠바를
입으면 되었기 때문이다. 양복을 입은 내 모습은 어딘가 모르게

어색했고, 양복에 맞는 넥타이를 고르는 것도 나에겐 어려운 과제였다.

인사과장과 면담하기 전 어느 부서에 가면 좋을지 생각은 했지만, 딱히 가고 싶은 부서가 생각나지 않았다. 우선은 내 적성을 잘 몰랐고, 어떤 일을 잘할 수 있는지에 대해서도 확신이 없었다. 다만 본사에 남고 싶다는 마음뿐이었는데, 그 이유는 회사에서 무능한 사람으로 비칠까 봐 준비할 시간이 필요했기 때문이었다.

내가 대우에 지원할 때만 해도 도시공학 전공자들을 모집하는 대기업은 거의 없었고, 그래서 도시공학과 학생들은 건축직이나 토목직으로 지원했다. 나의 경우 토목과에서 이수한 기초적인 과목들이 그나마 있어 용어 측면에서 토목이 조금은 익숙한 편이었다. 그러나 그런 과목들에서 배운 내용에 대한 기억은 거의 없었다. 토목직 신입사원들은 대부분 현장으로 배치된다고 들었고, 그래서 배치되기 전 본사에 남아 현장에서 필요한 기초지식 정도는 공부하고자 했던 것이다.

내 인생에서 선택의 갈림길이 여러 번 있었지만, 그때마다 보이지 않는 손이 강력하게 작용했다. 군의 장기 복무 신청이나 특공연대 지원 때도, 그리고 대우에서도 그랬었다. 인사과장은 나와 면담이 시작되자마자 토목직으로 입사했으니 토목기술부로 가는 편이 어떠냐고 당연한 듯 물어보았다. 아마 그때 토목기술부로 가겠다고 했다면, 면담은 가장 빨리 끝났을 것이다. 그러나 나는 본사에 남고자 하는 생각에 우선 토목행정을 하면서 현장에서 필요한 기초지식을 쌓은 후에 토목기술부로 가고 싶다고 대답했다.

인사과장은 내 인사카드를 보면서 도시공학에 대해서 질문을 했고, 내 설명을 들은 후 개발사업부를 추천하면서 그 부서로 발령을 내려고 했다. 처음에는 개발사업이란 용어가 너무 생소하게 들려 그냥 토목기술부로 가겠다고 말했더니, 그는 회사를 자기 마음대로 다니려고 하느냐면서 핀잔을 주는 것이었다. 그의 위세도 있었지만 잠깐 생각해 보니, 토목기술부도 생소하기는 마찬가지였고, 개발사업부에서의 근무는 본사에서 근무하는 것이었기에 나는 인사과장의 제안을 받아들이기로 했다. 돌이켜 보면, 내 인생에서 가장 어렵고 캄캄한 시간에 꿈과 희망의 빛을 보게 한 곳이 바로 대우 개발사업부였다.

만일 인사과장이 처음 제안한 대로 토목기술부로 갔다면 내 인생은 어떻게 되었을까 하고 생각할 때가 있다. 물론 그곳에서도 열심히 근무하며 지냈겠지만, 학자의 길은 찾지 못했을 것이다. 당시 대우는 우리나라 경제를 이끄는 대표적인 재벌기업이었고, 참으로 바쁜 회사였다. 근무시간이 월요일부터 금요일까지는 오전 8시부터 오후 7시까지, 그리고 토요일은 오전 8시부터 오후 3시까지였다. 그러나 퇴근 시간 정각에 맞춰 퇴근하는 사람은 거의 없었다.

또한 일 년에 한 번 주어지는 휴가도 고작 3일이었고, 그것도 토요일과 일요일을 반드시 포함해야 했다. 그래서 직원들의 휴가 선택은 금요일부터 일요일까지, 또는 토요일부터 월요일까지였다.

그러나 그런 근무 조건이 전혀 문제가 되지 않았고, 대우그룹에 근무한다는 사실만으로도 자부심을 가졌던 시절이었다.

서울스퀘어 (당시 대우그룹 본사 건물)

개발사업부는 대우빌딩 (지금의 서울스퀘어 빌딩) 23층에 있었다. 인사명령 서류를 가지고 부서장께 인사를 드리니 그는 나를 따뜻하게 환영해 주었고, 인상 좋은 대리가 친절하게 오리엔테이션도 해주었다. 오리엔테이션을 받고 보니 개발사업부의 역할이 자체적인 프로젝트를 통해 현장을 만들고, 그로부터 수익을 창출하는 회사의 중요한 기획부서라는 것을 알게 되었다. 당시만 해도 대부분의 건설회사는 자체적인 사업보다는 정부나 공공기관 그리고 해외에서 발주하는 공사에 많이 의존하고 있었다.

부서에서 검토한 기획보고서를 읽어 보면서 능력 있는 사람들은 여기에 다 모여 있다고 생각할 정도였다. 개발사업부에서 기획해서 개발한 프로젝트 중에는 지금의 강남 지하상가나 부산의 수영만 매립사업과 같이 굵직한 것들이 많았다. 개발사업부에는 적지 않은 인원들이 있었으며, 당시 대기업 중에서 대우만큼 개발사업부의 조직이 큰 회사는 없었다. (후에 부서에서 본부로 격상되어 역할과 기능이 확대되기도 했다.)

그리고 검토된 기획보고서들을 보니 업무가 도시계획과 매우 밀접하다는 것도 알게 되었다. 어찌 보면 그것은 당연한 일이었다. 개발사업이 검토된 지역들의 대부분은 도시 안에 있었기 때문이다. 그러므로 부서 직원들이 기획된 사업의 타당성을 평가하기 위해서는 도시계획에 관한 지식과 제도를 기본적으로 꿰고 있어야 했다.

개발사업부의 직원들은 건축이나 토목 전공자보다는 법학, 경영학, 경제학 등의 전공자가 더 많았다. 그리고 그들과 대화를 해 보니 놀랍게도 도시계획에 관한 지식이 전공자인 나보다 더 깊다는 것을 알 수 있었다. 그들 앞에 내가 도시공학을 전공했다고 말하기가 오히려 부끄러울 정도였으니 말이다.

그래서 그들과 개발사업을 논의할 때, 나는 항상 뒷전에 있었고, 혹시 내게 도시계획과 관련해서 물어보면 어떻게 하나 걱정도 했었다. 이렇게 자신 없이 사람들 뒷전에 있어야 했던 것은 전공에 대한 무관심과 불성실한 자세로 공부했던 내가 마땅히 지불해야 할 비용이었다. 부서 사람들은 대부분 친절했지만 보이지 않는 경쟁적인 분위기도 강했으며, 신입사원이라 해서 모든 것을 A부터 Z까지 알려주지는 않았다. 모든 일은 기본적으로 자신이 알아서 해야 하는 분위기였다.

회사 입사 초기에는 복장부터 보고서와 결재문서를 작성할 때 사용하는 용어, 그리고 상사에 대한 인사 예절에 이르기까지 모든 것이 생소했다. 특히 상사에게 인사를 할 때 어려움이 많았다. 군대에서는 허리를 꼿꼿이 펴고 거수경례했는데, 회사에서는 허리를 굽혀 인사를 해야 했으니 굳어진 몸이 말을 듣지 않았던 것이다. 그래서 선배들이 바른 인사법에 대해 특별지도를 해주기도 했다.

한번은 보고서를 작성하는데 지역 간 인구이동의 규모를 지역 간 이동 병력수라고 했더니 모두들 여기가 군대냐고 웃음바다가 된 적도 있었다. 그리고 현장 조사를 할 때는 사진 촬영은 필수였다. 출장 가기 전 사진기를 점검하니 셔터가 작동되지 않아 여직원에게 사진기 셔터가 격발이 되지 않는다고 하니, 그 여직원이 무슨 말이냐고 되묻기도 했다. 이렇듯 근무 초기에는 용어 선택의 문제로 실수가 잦았다. 그러나 진짜 내가 갖고 있었던 문제는 생소한 환경과 실수에 대한 두려움이 아니라, 마음속 깊이 자리 잡고 있는, 알 수 없는 답답함이었다.

방향 설정: 현실에 충실하기

이렇듯 남모를 고민, 바로 그 마음의 답답함이 언제나 마음을 무겁게 하였다. 그 답답함의 뿌리는 바로 장래를 위해 설정된 목표가 없다는 사실이었다. 장래의 목표가 없으니 하는 일에 대한 의미를 찾지 못했으며, 그런 상태에서 대우에 평생 근무해야 하는가에 대해서도 확신이 서지 않았다. 그저 안개 속에서 방향을 잃고 난파된 배의 선장과 같았으며, 하루하루가 무의미한 것 같았다. 그러니 생활의 활력도 없었고 마음속에 기쁨도 없었다.

출근하면 무력감과 자괴감으로 내 모습이 처량해 보였고, 혹시 남들이 이런 내 모습을 볼까 두려워 허세를 떨기도 했다. 현실에서 넘어야 할 벽은 높아만 보였고, 뚫고 가기에는 그 벽이 너무 두꺼워 보였다. 남들은 좋은 회사에 다닌다고 말했지만 내 마음은 지옥과 같았다. 그런 마음의 상태가 내 어깨를 무겁게 누르고 있었으며, 의욕도 없어져서 마치 몸에서 기운이 밖으로 다 빠져나간 듯한 느낌이었다. 이런 상태가 지속된다면 꼭 죽을 것만 같았다. 군에서의 장기 복무가 좌절된 이래, 이렇듯 휘청이는 삶이 계속되었다.

함께 입사한 ROTC 동기들을 보니 회사에 잘 적응하며 근무하는 것 같았다. 그런데 '왜 나만 헤매고 있을까?' 하며 고민도 했었다. 분명 그때가 위기였다. 그 위기를 이겨내야 했지만 뾰족한 수가 보이지 않았다. 문제의 뿌리는 언급했듯이 장래에 대한 목표 부재였지만, 사회도 모르고 세상의 변화를 읽을 능력이 없는 상태에서 무엇을 결정한다는 것은 한마디로 어불성설이었다. 잘 모르는 상태에서 자신의 미래를 결정하는 것은 일종의 무모한 도박과 같은 것이었다.

고민 끝에 내가 결정한 것은 바로 '회사 일에 무조건 최선을 다하기'였다. 지금 하는 일에 최선을 다하다 보면, 사회에 대한 이해와 내가 하는 분야에 대한 이해가 더욱 깊어질 것이다. 그러면 그 깊어진 이해를 바탕으로 더욱 분명한 선택을 할 수 있으리라고 생각했다. 그래서 자세를 바꾸어, 나는 소위 말해 닥치는 대로 일을 찾아서 했으며, 내게 주어진 일은 죽도록 열심히 했다. 이것은 죽기 위해서가 아니라 살기 위한 내 몸부림이었다.

남들보다 1시간 일찍 출근했고, 남들이 퇴근하면 나는 무조건 사무실에 남아 일을 계속하거나 도시계획과 관련된 책들을 보았다. 당시에는 층별로 경비원이 있었는데, 마지막으로 퇴근하는 사람은 층별 경비일지에 서명해야 했다. 나는 23층에서 마지막으로 퇴근하는 사람으로 경비일지에 서명을 남긴 적이 적지 않았다.

휴일에도 회사 사무실에 나가거나, 또는 집에서 가까운 연세대학교나 서강대학교 도서관에 가서 도시계획 관련 책을 보았다. (당시에는 도서관 출입에 제한이 없어 어느 정도는 자유로운 출입이 가능했던 때였다.) 휴일에 휴식을 취한다는 것은 나와 같은 사람에게는 사치라고 생각했던 것이다.

책을 보면 볼수록, 열심히 일하면 일할수록 시간에 쫓겨 힘들고 지치는 것이 아니라, 오히려 생활에 활력이 생김과 동시에 굳게 닫혔던 미래의 문이 열리는 것처럼 느껴졌다. 시간에 쫓기는 생활은 내게 불필요한 걱정을 할 시간을 없애주어 결과적으로 시간을 의미 있게 사용하게 만들었다. 이로부터 깨닫게 된 것은 현재에 충실한 것이 미래를 준비하는 데 최선이라는 것과 미래는 미래에 있는 것이 아니라 바로 지금 내 앞에 있다는 사실이었다.

서울역 민자역사 사업과 대학원 입학

....

도시조사를 마치고 집에 돌아오면 몸은 피곤했지만, 정신은 새로워지는 것 같았고,
도시계획가로서 사명감 같은 것이 더욱 강해지는 느낌이었다.

서울역 민자역사 사업

개발사업부에서 나름 바쁘게 지내고 있었는데, 어느 날 부서장이
서울역 민자역사 사업을 검토하라고 했다. 당시 철도청(지금의
한국철도공사)은 교통부 산하에 속해 있는 중앙행정기관이었다.
철도청은 민간자본을 이용하여 철도 역사를 현대화시키고 상업시설
을 공급하여 수익을 창출하는 사업을 구상하고 있었다.

대도시 중앙에 자리한 철도 역사는 도시 간 교통과 도시 내 교통이
연계되는 곳이어서 자연히 통행량이 많이 발생하는 곳이다. 통행량
이 많다는 것은 유동 인구가 많아 다양한 수요가 존재함을 가리키기
도 한다. 이를 생각하면 철도 역사는 기본적으로 개발의 잠재력이
있는 곳이라 할 수 있다. 통행량과 개발의 잠재력 사이에는 높은

상관관계가 존재하는데, 이는 통행량이 많으면 많을수록 개발의 잠재력은 높아진다는 의미이다. 따라서 도시의 중앙 철도 역사라면 민간사업자들이 자연히 관심을 가질 수밖에 없는 사업의 대상지가 되는 것이다.

철도 역사는 대부분 도시의 흐름을 단절시켜 도시공간 구조의 불균형을 초래하기도 하며, 도시 성장에 따른 토지이용 계획을 수립하는 데 있어 걸림돌이 되기도 한다. 이러한 측면에서 볼 때, 철도 역사는 도시 계획적인 처방이 근본적으로 필요한 곳이었다. 어찌했든 비즈니스 측면이나 도시계획 측면에서 두 마리의 토끼를 잡을 수 있는 사업이 당시 철도청이 추진했던 민자역사 사업이었다.

철도청은 민간 기업들의 출자를 통해 회사를 설립하고, 설립된 회사가 사업을 추진한다는 계획을 세웠다. 일차적으로 검토된 사업의 대상지는 서울역과 영등포역, 대전역, 대구역 그리고 부산역이었다. 여러 회사들이 관심을 가졌지만, 회사마다 관심의 대상지는 달랐다. 유통회사들은 서울역보다는 영등포역에 관심을, 그리고 대형 호텔을 소유하고 있는 회사들은 서울역에 관심을 보였다. 나는 대우가 반드시 서울역 민자역사 사업에 참여해야 한다고 생각했다.

서울역 민자역사 사업의 규모를 보니, 건물의 총면적이 지금의 서울스퀘어 규모와 거의 같은 4만 평 정도였으며, 그 건물에 백화점과 호텔 그리고 사무실 등이 계획되어 있었다. 당시 대우의 건설

부문은 국내 건설사 중 매출 규모가 2위였는데, 그런 회사의 코앞에서 다른 회사가 민자역사 사업을 한다면, 그것은 회사의 자존심을 건드리는 것이라는 생각을 했다. 그래서 사업에 관한 자료를 정리해서 적극적으로 참여해야 한다는 의견으로 보고했다.

그러나 자본금을 먼저 출자해야 한다는 조건으로 인해 부서장과 담당 임원은 민자 사업에 대해 부정적이었다. 또한 국유지 위에 사업이 진행되기 때문에 절차적으로 풀어야 할 과제도 다른 개발 사업에 비해 복잡했다. 갑자기 4학년 때 강병기 교수님이 강의하셨던 도시설계론이 생각났다. 그때의 교재는 『도시설계와 도시정책』으로 강병기 교수님이 조나단 바넷(Jonathan Barnett)의 'Urban Design As Urban Policy'라는 책을 번역하신 것이었다. 그 책은 도시전문가와 행정가 그리고 민간 기업이 협력하여 뉴욕시의 도시정책을 추진하는 내용의 책이었다.

앞에서 언급했듯이 나는 그 과목에서 불성실한 준비로 인해 교수님께 크게 야단을 맞고 학점도 C를 받았었다. 그런데 그 과목의 교재에서 뉴욕 시내 전철역과 주변 지역 개발과 관련된 그림이 있었는데, 그 그림이 기억났다. 책꽂이에 꽂혀 있었던 그 책을 다시 읽어 보니, 그렇게도 싫어했던 그 책이 내게 유용한 책으로 다가오는 것이었다.

듣고 기억하는 것은 정말 중요한 것이다. 무심코 들은 것이 훗날 우리에게 어떤 영향과 기회를 제공할 것인지 예단할 수 없기 때문이다. 듣고 기억하는 것은 자신의 잠재된 역량을 키우는 것이고, 그것은 예상하지 못했던 변화의 길로 자신을 인도하는 계기가 될 수 있다고 나는 생각한다.

강병기 교수님의 책을 보면서 도시계획에 대해 가졌던 생각이 크게 변했다. 학생 때는 군인으로서의 꿈이 압도적이어서 전공인 도시계획에 대한 생각 자체가 별로 없었다고 말하는 것이 정직한 표현일 것이다. 그러나 그 책을 보면서 도시계획이란 학문이 사회에 공헌하는 바가 클 뿐만 아니라, 매우 중요한 것이라는 사실을 알게 되었다. 그리고 그런 도시계획의 가치를 느끼지 못하면서 무관심과 불성실로 일관했던, 대학 시절의 내가 너무 바보스럽게 느껴졌다.

이렇듯 사회생활을 시작하고 나서야 공부하고 싶다는 마음이 불같이 일어났다. 그러나 회사를 포기하는 것에 대해서는 조심스러웠다. 대우에서도 배울 것이 많았기 때문이었다. 나는 과감한 성격이라기보다는 신중하고 조심스러운 성격의 소유자이다. 그래서 회사의 일과 공부를 병행할 수 있는 특수대학원에 우선 입학하기로 마음을 먹었다. 모교이기도 했고 회사에서도 가까운 한양대의 환경과학대학원에서 공부하기로 마음먹었다. 이것이 바로 학교라는 제도권 속에서 다시 공부하게 된 계기였다.

대우는 직원들의 교육을 중요시하는 회사였고, 직원을 위한 영어나 컴퓨터 교육과 같은 프로그램이 늘 준비되어 있었다. 특히 영어의 경우는 국내 최고의 외국인 강사를 초빙하여 월요일부터 금요일까지 점심과 저녁시간에 강의하고 있었다. 나는 대학원에 다니면서도 점심과 저녁시간에 특별한 사정이 없는 한 영어 강좌에 참석하려고 애를 썼다.

특히 점심시간의 영어 강의를 듣기 위해서는 식사 시간을 줄여야만 했다. 그래서 나는 군에서 훈련받을 때와 같은 속도로 식사하곤 했다. 그때의 빠른 식사 속도가 습관이 되어 지금도 나는 식사 속도가 대단히 빠른 편이고, 아내는 내가 남들과 식사할 때면, 속도를 맞추라고 늘 당부하기도 했다.

서울역 민자역사 사업은 언급했듯이 부서장과 담당 임원이 부정적으로 생각했기 때문에 실무적으로 사업 진행이 중단된 상태였다. 그러나 김우중 회장이 서울역 민자역사 사업을 언론을 통해 알게 되었고, 적극적으로 추진하라고 하면서 전담반이 구성되었다. 나는 사원으로서 실무 담당자가 되어 이 사업을 책임지고 일하고 있었는데, 그러던 중 민자역사 사업을 중단하게 되었다.

사업을 중단하게 된 이유는 당시 정부가 경제의 어려운 상황을 고려하여, 불요불급(不要不急)한 투자정책 사업을 억제한다는 방침 때문이었다. 이에 따라 서울역의 경우 사업의 규모가 대폭 축소되었고, 참여할 회사에 대한 제한도 생겼다. 따라서 서울역 민자역사 사업은 대우에서 멀어졌다. 지금도 서울역에 갈 때면 옛 대우빌딩을 보면서 그때를 생각하곤 한다. 캄캄한 밤과 같은 환경 속에 있었던 내게 대학원에서 공부할 기회를 제공한 것이 바로 서울역 민자역사 사업이었고, 이는 내게 희망의 빛과 같은 것이기도 했다.

탄광도시

회사를 다니면서 대학원에 가는 것은 쉽지 않았다. 당시의 회사 분위기가 그랬다. 회사에 입사하면 그 직장을 평생직장으로 인식하던 시절이었기 때문이다. 부서장께 회사 일이 우선이고 회사 일과 학교 공부가 겹치게 되면, 마땅히 회사 일을 우선으로 하겠다는 약속을 하고 대학원에 다녔다.

언급하였듯이 대우는 바쁜 회사였고, 모두가 열심히 일하는 회사였다. 그러나 아무리 부서장이 허락했다고 하더라도 열심히 근무하는 직원들을 뒤로 하고 퇴근 전에 가방을 들고 대학원에 가는 것이 아무래도 조심스러웠다. 그래서 나는 점심시간에 가방을 지하에 있는 다방에 맡겨 놓고, 6시 전에 잠시 저녁식사를 하러 가듯이 사무실에서 나와서 가방을 찾아 빛과 같은 속도로 한양대로 달려갔다. 당시 대학원 수업은 6시 30분에 1교시가 시작되었다.

어렵게 출석한 만큼 강의에 대한 기대는 컸었고, 그런 기대감은 나로 하여금 더욱 강의에 집중하게 만들었다. 그렇게 대학원을 다니다가 우연한 기회에 책을 보다가 탄광도시에 관심하게 되었다. 탄광도시와 같이 지하자원을 기반으로 성장한 도시들에 대해 도시계획 전공자들은 관심을 가져야 한다고 생각했다. 왜냐하면 도시계획가들이 도시를 바라보는 관점은 기본적으로 미래이고, 그 관점에서 볼 때 탄광도시들은 지속 가능성이 불투명한 도시였기 때문이다.

지리적, 사회적, 경제적, 역사적, 행정적 그리고 문화적 등 모든 측면에서 볼 때, 탄광도시는 도시로 성장할 수 없는 도시였다. 단지 도시로 성장했던 이유는 석탄이 그곳에 매장되어 있었기 때문이었다. 그러므로 매장된 석탄이 고갈되었을 때, 탄광도시는 어떻게 될 것인가, 그리고 계획적으로 어떻게 대비해야 하는가 하는 것이 나의 주된 관심사였다.

석탄이 고갈되었을 때의 탄광도시는 일자리도 없어지고 인구도 모두 떠나 종국에 가서는 사람이 살지 않는 유령도시(ghost town)가 되는 것이다. 탄광도시의 성장과 쇠퇴의 과정은 우리나라에서도 쉽게 찾아볼 수 있다. 예를 들면, 강원도 태백시와 사북읍은 우리나라의 대표적인 탄광도시였다. (당시에는 사북읍과 고한읍은 행정적으로 사북읍으로 통합되어 있었다.) 1986년 태백시의 인구는 약 11만4천 명 그리고 사북읍은 고한읍을 포함하여 약 5만6천 명이었지만, 2024년 태백시의 인구는 약 3만8천 명으로 그리고 사북읍과 고한읍은 각각 4천여 명으로 인구가 크게 감소되었다.

탄광도시의 지속성 유지를 위해 계획적인 준비가 필요하다고 생각했다. 어떤 이는 일자리가 없어 사람들이 도시로 떠나는 것은 자연스러운 현상이므로 문제가 아니라고 주장하기도 했다. 그러나 내 생각은 조금 달랐다. 도시기반시설에 투입된 자본과 사람들의 재산 가치 그리고 대규모의 인구가 주변 도시로 이동했을 때, 주변 도시들이 받게 될 주택과 노동시장의 영향 등을 고려한다면 탄광도시가 지속할 수 있도록 하는 것이 바람직하다고 생각했다. 문제는 도시의 지속성을 위해 동원할 수 있는 계획적 수단이 무엇인가 하는 것이었다.

대학원 지도교수님께 말씀드려 석사학위 논문의 주제를 탄광도시로, 그리고 구체적인 연구 대상지는 사북읍으로 결정했다. 논문을 쓰면서 탄광도시에 대한 애정이 많아졌고, 그 도시 안에 사는 주민들을 생각하면서, 유령도시로 전락하는 것은 막아야 하겠다는, 도시계획가로서의 어떤 사명감마저도 생겼다.

사북에 대한 도시조사는 토요일과 일요일에만 할 수 있었다. 토요일 오후 3시에 퇴근하고, 집에 가서 준비하면 오후 10시 청량리에서 떠나는 태백선을 탈 수 있었다. 그 기차를 타면 일요일 새벽 4시에 사북역에 도착했으며, 나는 도착하자마자 곧바로 여관에 들어가 잠시 눈을 붙이고 나와서 도시를 조사했다. 다음 날 출근 때문에 오후 5시경에 서울로 올라가는 기차를 타야 했기에 조사는 신속하게 해야만 했다. 도시조사를 마치고 집에 돌아오면 거의 자정이 되어 몸은 피곤했지만, 정신은 더욱 새로워지는 것만 같았다. 그와 아울러 도시계획가로서 사명감이 더 강하게 일어났다.

언급했듯이 탄광도시는 일반 도시와 달리, 지속 가능성이 핵심 이슈인 특수한 도시이므로 계획에 접근하는 방법도 특수해야만 하리라고 생각했다. (지금은 낮은 출산율과 높은 전출로 많은 지방 도시가 인구 소멸을 걱정하지만, 1980년대만 하더라도 그러한 걱정을 할 정도는 아니었다.) 도시공학과 동문들의 도움으로 탄광도시를 계획하는 여러 전문가들과 만났는데, 그들 모두가 탄광도시의 문제를 일반적인 도시들과 동등하게 전제하고 접근하고 있다는 느낌을 많이 받았다.

여러 전문가들을 만나면서 특수 도시에 대한 계획방법론도, 그리고 그런 분야에 특화된 계획전문가들도 매우 드물다는 것을 알게 되었다. 대학원 입학 전에는 회사 일을 최우선으로 하겠다고 했지만, 논문이 점차 진행되면서 마음의 무게 중심이 서서히 회사에서 공부하는 쪽으로 옮겨가고 있었다.

아내와의 만남과 결혼

....

단순히 운이 좋아서가 아니라 하나님이 아내와 함께했기 때문이라는 생각이 들었다.
하나님이 아내를 눈동자와 같이 보호하고 계신 것 같았다.

첫 만남

1970년과 1980년대 젊은 남자의 경우 대학을 졸업하고 안정된
직장에 취업하면, 다음으로는 결혼을 하는 것이 일반적인 순서였다.
그리고 남자나 여자나 결혼의 적령기는 대부분 20대 중반이었다.
그래서 그 연령대에 속한 젊은이 중에는 결혼 대상자가 없는 경우에
는 나름대로 고민도 있던 시절이었다. 지금의 기준으로 보면 결혼을
너무 젊었을 때 했다고 볼 수 있지만, 하여튼 그때의 사회 분위기는
그랬었다.

나도 군을 전역하고 대우에 입사할 당시에는 부모님과 직장 상사
들을 통해 사람을 소개받을 기회가 꽤 많았지만 모두 사양했었다.
그 이유는 결혼할 준비가 되지 않았기 때문이었다. 그리고 사람과의

만남에서 제삼자가 개입될 경우, 내 선택에 영향을 받을 수도 있다는 우려도 조금은 있었기 때문이었다.

장래에 대한 계획과 목표가 없는 상태에서 결혼을 하게 된다면, 목표 설정에 당연히 현실적인 제약을 받을 수밖에 없고, 뜻하지 않은 방향으로 인생이 전개될 수도 있으리라는 생각을 했던 것이다. 또한 잘못된 선택으로 인해 어려움이 있게 된다면, 그 결과는 나 혼자만으로 끝나는 것이 아니라 아내와 아이들까지 영향을 받게 될 것이었다. 어찌했던 여러 이유로 인해 결혼에 대해서는 조급하지 말자는 것이 내 생각이었고, 사실 결혼은 엄두도 내지 못하고 있었다.

회사에 입사한 후 일 년 반 정도가 흘렀을 때, 인물이 좋은 후배가 입사해서 개발사업부로 들어와 내 옆자리에 배치되어 일하게 되었다. 자연히 선배 사원으로서 회사 적응에 도움도 주고, 사업의 기획보고서도 함께 작성하면서 그와 가깝게 지냈다. 그의 가족들은 모두 미국으로 이민을 갔고, 그도 곧 이민을 갈 예정이었다. (그 후배 사원은 일 년 정도 근무하다가 미국으로 이민 갔고, 지금은 로스앤젤레스에서 회계사를 하고 있다.) 그는 공부에도 관심이 많은 사람이어서 그와 나는 퇴근 후 사무실이나 또는 연세대 도서관에서 책을 함께 읽기도 했었다. 그런 후배 사원이 사람을 소개시켜 주고 싶다고 했고, 나는 후배 사원이 소개한다고 하니 마음에 부담스럽지 않아서 그의 제안에 응하기로 했다.

소개받은 사람은 영문학을 전공한 사람으로 서울 시내 유명 호텔에서 국제 업무를 담당하고 있었다. 만나 보니 밝고 화려한 분위기의 사람으로 나와는 맞지 않는 것 같았다. 그래서 헤어질 때, 미안한 마음에 음악 테이프를 선물로 주었다. 음악 테이프를 선물했던 것은 나 나름의 감사 인사이기도 했고, 더 이상 만날 수 없어 미안한 마음을 표현하기 위한 것이기도 했다. (물론 받는 사람에 따라 다른 의미로 받아들였을 수도 있었으리라고 생각한다.)

다음 날 출근해서 후배 사원에게 아무래도 나와는 맞지 않는 사람이라고 말했더니, 그는 정반대 스타일의 사람을 소개해 주겠다고 하면서 독실한 기독교인이라고 하는 것이었다. 기독교인이라는 말에 조금 망설임이 있었는데, 그것은 부모님의 종교가 불교여서 혹시나 나중에 문제가 되지 않을까 하는 우려 때문이었다. 그러나 독실한 기독교인이라는 말에 오래전 다락방 사람들이 생각나기도 했고, 정반대 스타일의 사람은 과연 어떤 사람일까 하는 호기심도 있어서 나는 한 번 더 소개받기로 했다.

만나 보니 인상도 좋고, 순수하며 심성도 착한 사람임을 한눈에 알 수 있었다. (그 사람이 바로 지금의 아내이다.) 어찌 보면 내가 평소에 바라던 스타일의 사람이었지만 이상하게도 만남을 지속하고 싶지는 않았다. 왜 그랬을까? 아마 나의 성격 때문이었을지도 모른다. 내 성격에는 조금 독특한 면이 있는데, 그것은 어떤 것에 흥미를 넘어 중독될 것 같은 느낌이 있을 때면 그것을 과감하게 포기하는 것이다. 어렸을 때는 바둑이 그랬고, 유학할 때는 골프가 그랬었다.

그런 성격 때문에 나는 지금껏 취미도 없고 잘하는 것이 별로 없는 소위 말해 재미없는 사람이 되고 만 것이다.

그래서 그랬는지 모르겠으나 왠지 아내와의 만남을 지속하기에는 심적인 부담이 컸다. 어떤 부담이었을까? 그것은 결혼까지 이르는 과정이 순탄하지 않을 것이라는 예상과, 회사 일과 대학원 공부 그리고 유학 준비 등으로 인해 다른 일에 신경을 쓸 여유가 없었던 것이다. 이러한 나의 상황과 여건 등이 종합적으로 떠오르다 보면 자연스레 부담이 느껴졌기 때문이었으리라. 엄살을 부려 말하자면, 그때는 깃털의 무게도 나에겐 버거울 정도였었다. 나는 여러 일을 동시에 할 수 있는, 소위 멀티플레이어로서의 역량이 부족했으며, 천성적으로도 여유가 없는 사람이었다.

아무튼 아내를 만나 대화하면서도 "괜한 일을 했구나!" 하는 생각이 들면서 이제는 정말로 내가 해야 할 일에 더욱 집중해야만 한다고 스스로를 다독였다. 그래서 헤어질 때, 먼저 소개받은 사람과 마찬가지로 음악 테이프를 선물로 사주려고 했다. 그러면서 어떤 음악을 좋아하냐고 물었더니, 아내는 한사코 사양하면서 완강하게 받지 않겠다는 것이었다.

헤어질 때 갑자기 학과 동창의 부탁이 생각났다. 그의 부탁이란 여자 친구를 소개해달라는 것이었다. 그는 학창 시절 나와 가깝게 지낸 친구였다. 당시 내가 수강한 대학원 과목 중에 '도시연구'가 있었는데, 그 과목은 지방의 한 도시를 한 학기 동안 연구하여

도시의 문제점과 계획의 방향을 제시하는 과목이었다. 그때 나는 연구대상 도시를 경기도 이천읍으로 선택했었는데, 자동차가 없어 도시조사를 하기에는 여러모로 불편한 점이 많았었다. 그 동창은 자신의 자동차로 나와 함께 이천읍에 함께 가주기도 한 고마운 친구였다. 그런 동창이 여자 소개를 부탁했으니 나도 가볍게 듣지는 않았던 것이다.

그래서 음악 테이프를 사양하는 아내에게 다음에 다시 만나자고 했고, 친구 한 명과 함께 나와 달라고 부탁했다. 아내는 그렇게 하겠다고 했고, 다음 만남에 네 명이 함께 저녁식사를 하게 되었다. 그러나 공교롭게도 그때 회사에 급한 일이 있어서 나는 간단한 식사만 하고, 회사로 다시 돌아가야만 했다.

그 후 거의 한 달의 시간이 흘렀다. 두 번 만난 사람이 그 정도의 시간이 흘렀다면 서로가 인연이 아니라고 생각하는 것이 통상적일 것이다. 그런데 그 동창이 갑자기 내게 전화를 걸어 전번에 소개받은 사람에게 할 말이 있으니 전화번호를 알려달라고 하는 것이 아닌가! 난감하지 않을 수 없었다. 왜냐하면 나도 그 이후 아내를 만난 적이 없었기에 연락하기가 곤란했다. 그런데도 동창은 내 사정엔 아랑곳하지 않고 막무가내로 연락번호를 알려달라는 것이었다. 어려워하는 내게 자기 부탁을 들어주면 다시 한번 이천읍에 같이 가주겠다고까지 하면서.

사실 나는 종강을 앞두고 계획 보고서 마무리를 위해 시간을 내어 이천읍에 다녀와야만 하기는 했다. 그래서 겸사겸사 동창의 부탁을 다시 들어주기로 하고는 계면쩍게 아내에게 전화를 걸었다. 아내는 매우 퉁명스럽게 전화를 받았고, 소개했던 친구의 전화번호를 물어볼 때는 내게 급기야 화까지 내고 말았다. 그런 아내의 반응은 지극히 당연하고 이해할 만했다. 내 태도는 상대방을 전혀 배려하지 않고 이용만 하려는 매우 이기적인 것이었으니 말이다.

성숙하지 못한 나의 행동에 대해 나는 진심으로 사과하고 싶은 마음이었고, 아내에 대한 내 생각도 바뀌게 되었다. 그 후 우리는 다시 만났고, 만남이 계속되면서 아내는 내게 꼭 필요한 사람이고 놓쳐서는 안 될 사람임을 깨닫게 되었다. 그래서 마침내 아내에게 프러포즈를 하게 되었다.

부모님과의 갈등과 첫 예배

부모님은 내가 교제하는 사람이 있다고 하니 크게 기뻐하셨는데, 예상대로 문제가 발생했다. "4대째 예수님을 믿는 기독교 집안입니다. 증조부는 장로님으로 일제 강점기 시대 황해도 해주에서 신사참배를 반대하여 투옥도 되었다고 합니다."라는 말에 어머니는 더 이상 내 말을 들으려고 하지 않으셨고, 이런 말씀을 하고 자리에서 일어나셨다. "난 아들을 믿는다. 더 이상 말하지 말거라." 그 말씀을 들으니 난감하기는 했지만, 계속해서 설득을 하면 부모님도 아내를 좋아하실 것이라 믿었었다.

그래서 부모님께 아내의 좋은 면을 지속적으로 말씀드렸고, 누이들과 만나 지원사격도 부탁했었다. 누이들 모두는 아내를 만난 후 좋은 인상을 가졌고, 부모님께 좋은 말로 나를 지원해 주었다, 누이들의 지원사격과 나의 계속적인 설득 노력에 부모님은 아내를 집으로 오라고 하셨다. 아내와 함께 부모님께 인사를 드리기 전에 먼저 가야 할 곳이 있었는데, 그곳은 바로 점집이었다. 왜냐하면 사주가 맞지 않으면 부모님은 절대로 결혼을 승낙하시지 않을 것 같았기 때문이었다.

점쟁이는 "두 분, 괜찮습니다. 점수로 말하자면 70~80점입니다." 라고 말하는 것이었다. 그 점수가 과연 좋은 점수인가에 대해서는 고개를 갸우뚱했지만, 그래도 좋다는 점쟁이의 말을 믿고 그냥 사실대로 아내의 사주를 부모님께 말씀드렸다. 만일 점쟁이가 서로의 사주가 맞지 않는다고 했다면, 나는 아내의 사주를 좋은 것으로 바꾸려고까지 했었다.

부모님은 아내를 반갑게 맞이해 주셨고, 좋아하셨다. 그리고 점집에 가서 서로의 사주가 좋다고 하면 결혼을 승낙하실 것 같은 분위기였다. 무난하게 결혼으로 진행될 것으로 예상했었는데, 다음 날 어머니가 점집에 다녀오신 후 집안의 모든 분위기는 급속하게 냉각되었다. 어머니가 찾아가신 점쟁이는 이 결혼을 절대로 허용하면 안 되며, 그럼에도 불구하고 두 사람이 결혼한다면 부모님이 다치시고 자손들도 매우 나쁘다고 말했다는 것이었다. 어머니는 도저히 떨려서 점쟁이가 한 말을 그대로 전할 수 없다고 하시면서 결혼은 절대 안 된다고 하셨다.

어머니의 말씀을 듣고, 나는 점쟁이 말만으로 결혼의 여부를 결정하는 데 동의할 수 없다고 크게 반발했었다. 그 후 약 일 년 반 동안 나는 부모님과의 심각한 갈등 관계에 있게 되었다. 그동안 어머니는 눈물로 헤어지라고 내게 호소도 하셨고, 내 친구들을 부르셔서 나를 설득하라고 특명을 내리기도 하셨다. 어머니의 간곡하신 말씀에 순종하고 싶었지만 그렇다고 아내를 포기할 수는 없는 노릇이었다.

어머니는 친척 한 분을 장모님께 보내어 혼사의 뜻이 없음을 전달하셨고, 그런 말을 장모님으로부터 들은 장인은 놀라서 대우빌딩 지하 다방으로 오셨다. 나는 혹시나 부모님과의 갈등이 아내의 집으로 확대되는 것은 아닌가 하여 마음이 무척이나 무거웠다. 장인은 나를 보자마자 단도진입적으로 내 생각을 물으셨고, 나는 분명하게 아내와 결혼할 것이지만 조금의 시간이 필요하다고 말씀드렸다.

그러자 장인은 내 평생 잊히지 않을 말씀을 하셨다. "내 딸이 자네와 결혼하겠다고 해서 나는 허락했네. 그 허락은 자네를 믿어서가 아니라 내 딸을 믿기 때문이네. 내가 딸을 교육시킨 것은 앞으로 살아가면서 선택을 많이 할 텐데 그 선택을 잘하라고 한 것이네.

내 딸 교육을 잘했으니, 나는 딸의 선택을 믿을 것이네."

장인의 말씀을 들으면서 우리가 자녀를 왜 교육시켜야 하는지 그 목적을 명확하게 알 수 있었다. 우리는 많은 선택을 하며 살아간다. 선택에는 순간을 위한 것도 있고 평생을 결정하는 선택도 있는 것이다. 그리고 그러한 선택들로 인해 지금의 우리가 있게 되는 것이다. 교육이란 궁극적으로 바로 바른 선택을 위해 필요한 것이다.

계속되는 부모님과의 갈등으로 집안의 분위기는 늘 무거웠다. 어머니는 직접 아내를 만나 눈물로 포기하라고 말씀을 하셨던 것이다. 아내도 정말 어머니의 말씀을 들어 드리고 싶다고 말하기도 했었고, 그때마다 나는 그것만은 절대 안 된다고 했다. 아내도 그만큼 괴로웠던 것이다.

그러던 어느 날 아내의 친구가 나를 찾아왔다. 그 친구는 나와 아내를 만나게 해준 고마운 사람이었다. (사실 아내를 소개해 준 후배 사원과 아내 그리고 나를 찾아온 아내 친구는 대학 시절부터 잘 알고 있었던 사이였다.) 특히 아내 친구는 아내와 같은 대학교를 졸업했으며, 사는 아파트 단지도 같아 아내와 매우 가까운 사이였다. 아마 아내가 괴로운 마음에 자신의 처지를 말했던 것 같았다. 그 친구는 아내가 나 때문에 밤마다 울면서 지낸다는 것과 그런 아내를 위해 내가 할 일이 있다고 말해 주었다. 그것은 바로 아내와 함께 교회에 나가 달라는 것이었고, 나는 그 자리에서 일요일에 만나면 교회에 함께 가겠다고 약속을 했다.

아내를 만나기 전에는 일요일이나 공휴일에 거의 대학 도서관이나 회사에 갔었고, 아내를 만난 후에는 토요일 퇴근을 하면 회사에서 가까운 남산 도서관에서 함께 책도 보고 산책도 했다. 아내도 고등학교에서 역사를 가르치는 교사였기에 강의 준비와 같은 일들이 많았던 것 같았다. 아내는 주일에 교회에서 반주를 해야 해서 나와는 늘 오후에 만났는데, 아내 친구가 부탁을 한 다음부터 우리는 저녁에 명동에 있는 영락교회에서 예배를 드린 후 헤어지곤 했다.

처음 영락교회 저녁 예배에 들어갔을 때, 내 마음의 감동은 오랜 시간이 지났지만, 아직도 생생하게 기억한다. 영락교회에 들어가는 순간 내 마음 깊은 곳에서 기쁨이 솟아남을 느꼈었다. 아내를 위로하기 위해 간 것이었는데, 내 마음속에 "아들아, 이제 왔느냐?" 하면서 나를 환영하는 것만 같았다. 그러나 믿음은 여전히 없었던 상태였다. 예배의 기쁨은 있었지만 믿음보다는 아내의 위로가 더 컸다. 그렇게 저녁 예배에 참석하곤 하던 것은 결혼 전까지 계속되었었다.

아내와 함께하시는 하나님

하나님에 대한 믿음은 없었지만 나는 하나님이 아내와 함께 계심을 늘 느낄 수 있었다. 1986년 여름 소수력발전소 프로젝트에 대한 사업성을 검토할 때였다. 참고로 소수력발전소는 시설용량 3,000 KW 이하의 수력 발전소를 말한다. (아마 지금은 기준이 더 높아졌을 것이다.) 석유가 없는 우리나라는 당시 석유를 대체할 수 있는 다양한 에너지원 개발에 한창이었고, 그중의 하나가 소수력발전소 사업이었다.

정부는 소수력발전소 건설에 많은 지원을 하고 있었다. 건설 공사비 중 기계와 전기 설비 관련 비용은 100%, 그리고 토목과 건축 관련 공사비용은 50%를 연 5%의 금리로 자금을 지원해 주었다. 당시 시중 은행의 금리는 약 10~12%였으며, 우리 부서에서 개발사업의 사업성을 검토할 때 적용되는 이자율은 연 15%의 복리이자였다. 이러한 점을 고려한다면 소수력 관련 정부의 지원은 의미 있는 것이라 할 수 있었다.

그리고 소수력발전소에서 발전된 전기는 모두 한국전력이 소비자에게 판매하는 가격과 동등한 가격으로 매입하는 조건도 있었다. 우리가 물건을 만들 때 가장 큰 고민은 과연 수요가 있을까 하는 것인데, 한국전력에서 발전량 전체를 매입해 준다면, 그 사업은 그야말로 땅 짚고 헤엄치기와 같은 사업이 아닐 수 없었다. 여기에 나는 관광사업과 연계한다면 소수력발전소 사업은 수익성이 높은 프로젝트가 될 수 있다고 믿었다.

수력 발전소의 발전량은 기본적으로 유량과 낙차에 의해 정해지므로 유량이 풍부하고 높은 낙차를 얻을 수 있는 곳이 소수력발전소의 유망한 사업 후보지였다. 소수력발전소 사업은 외부의 어떤 분이 회사 임원을 찾아와 안동 다목적 댐 하류지역에 소수력발전소 사업을 제안하면서 검토되기 시작했다. 그는 안동댐에서 방류하는 풍부한 물을 이용하여 발전하고, 그로부터 수익을 얻는 소수력발전소 사업은 유망한 개발사업이라고 주장했다. 나도 제도적 문제만 없다면 그 사업이 괜찮은 사업이라고 생각했다. 왜냐하면 안동 다목적 댐으로부터 방류되는 물만으로도 유량은 충분하다고 생각했기 때문이다. 그래서 우선 제안된 사업 후보지를 조사해 보고자 안동으로 출장을 갔다.

안동으로 가면서 안동시가 외부로부터 고립되어 성장의 한계가 있을 것으로 생각되었다. 도시로의 접근성이 양호하지 않았기 때문이다. 강남고속버스터미널에 가서 서울과 안동 사이에 정기 노선이 개설되어 있지 않다는 것을 알았다. 그래서 대구로 가서 그곳에서 안동으로 가야만 했다. 출장 기간 중 공휴일이 끼어 있어 출장을 떠나기 전, 나는 아내에게 안동으로 내려와서 시간을 함께 보내자고 제안했다.

아내는 나를 몇 시간 만나기 위해 먼 거리를 힘들게 왔으며, 낮 12시 경에 도착한 아내와 도산서원에 갔었다. 그곳으로 가는 길에 비를 만나 우산을 구하여 도산서원을 구경했는데, 구경을 마치고 돌아갈 때는 비가 그쳤다. 주변 경치가 좋아 아내와 나는 도로를 따라 걸어 내려가서 안동으로 가는 버스를 타기로 했다. 그런데 길을 따라가는데 갑자기 나는 강한 두려움에 휩싸이게 되었다. 우리가 걸어가는 길 앞에서 위험이 기다리고 있다는 강한 느낌을 받았던 것이다.

나는 그 위협을 육감적으로 느꼈다. "왜 내가 우산을 버렸던가?", "맨손으로 어떻게 그 사악한 것의 공격을 막아야 하나…"하고 걱정하면서 계속 걸어 내려왔다. 내가 두려움을 느낀다고 하니 아내는 내 말에 별 신경을 쓰지 않는 것 같았다. 그때 교통이 드문 산길에 지프차 한 대가 빠른 속도로 우리 옆을 지나갔다.

길을 계속 가고 있었는데 멀리서 바라보니 도로 중앙에 어떤 묵직한 물체 같은 것이 놓여 있었고, 그것은 마치 자동차에서 떨어진 과일 상자 같았다. 그런데 가까이 가서 보니 긴 뱀이 자동차에 치여 죽어 있는 것이 아닌가. 작지 않은 뱀이었고, 상태를 보니 바로 전에 자동차에 치인 것 같았다. 갑작스러운 폭우로 뱀이 산에서 도로 중앙까지 떠내려왔고, 우리 옆을 지나가던 지프차에 치인 것이었다.

만일 지프차에 치이지 않았다면 우리는 어떻게 되었을까? 난 생각하기도 싫지만 어찌했든 끔찍한 사건이 발생했을 수도 있었다. 그때도 내가 안전하게 보호받을 수 있었던 것은 단순히 운이 좋아서가 아니라, 하나님이 아내와 함께했기 때문이라는 생각이 들었다. 하나님이 아내를 눈동자와 같이 보호하고 계신 것 같았다.

이러한 아내에 대한 내 생각은 결코 변할 수 없는 것이었다. 그러나 부모님을 설득하는 것이 거의 불가능해 보여 내 마음은 늘 무거웠다. 여기에 회사에서의 바쁜 일과 대학원에서의 공부

및 논문, 유학 준비 등으로 내 생활에는 좀처럼 여유가 없었다. 여유 없는 모습이라기보다는 무겁고 지친 모습이었을 것이다. 그런 모습은 나를 보는 사람들을 걱정스럽게 만들었을지도 모른다. 부모님도 그런 나를 안타깝고 애처롭게 보셨을 것이다.

이 세상에서 어떤 부모가 사랑하는 자식과 긴장관계를 지속할 수 있겠는가? 부모님도 힘들어하는 내 모습을 보시는 것이 괴로우셨을 것이다. 이 세상에서 자식을 이기는 부모는 없는 것이다. 부모님에게 자식이란 바로 생명과도 같기 때문이다. 비록 아내의 종교와 사주가 맞지 않아 야기된 갈등이었지만, 그 갈등이 부모님 입장에서 아들을 포기할 정도로 클 수는 없었던 것이다.

솔로몬이 판결한 아이의 진짜 어머니의 경우도 마찬가지였다. 진짜 어머니는 자식의 생명을 위해서는 모든 것을 포기할 수 있다는 것을 보여주지 않았던가! 결국 부모님은 우리의 결혼을 수락하셨고, 그래서 1987년 6월 어느 날 나는 축복 속에 아내와 결혼식을 올리게 되었다. (물론 결혼을 허락하셨지만, 아내는 부모님께 마음에 큰 어려움을 가지고 있었다.)

졸업과 유학

....

천 리 길이든 만 리 길이든 보기에는 멀리 보여도
일단 시작하고 성실함으로 일관한다면 목표는 달성하게 되는 것이 철칙이다.

졸업

대학원에 입학할 때는 회사생활과 공부를 병행할 수 있을까, 그리고 졸업은 가능할까 하는 의심이 많았었는데, 막상 다녀보니 할 수는 있을 것 같았다. 물론 사무실에서 직원들은 나를 이해해 주었으며 격려도 해주었다. 그러나 앞에서 언급했듯이 사무실 분위기 때문에 나는 대학원 졸업 때까지 매우 조심스럽게 행동하지 않을 수 없었다.

모든 것이 그런 것 같았다. 시작할 때는 그저 아득해 보였지만 하다 보니 끝이 보이기 시작했다. 천 리 길도 한걸음부터이고 포기하지 않는다면 천 리 길은 결국 가게 되어 있는 것이다. 이태백도 같은 맥락에서 이런 시를 지은 것이 아닐까.

> 태산이 높다 하되 하늘 아래 산이로다.
> 오르고 또 오르면 못 오를 리 없건마는
> 사람이 제 아니 오르고 산만 높다 하나니.

어찌했든 천 리 길이든 만 리 길이든 보기에는 멀리 보여도 일단 시작하고 성실함으로 일관한다면 목표는 달성하게 되는 것이 세상의 철칙이다. 물론 능력도 중요하지만, 우리 모두 무한한 능력을 지니고 태어났음을 생각한다면, 아무래도 능력은 성실 다음이라고 할 수 있을 것이다. 그래서 성실한 사람들이 성공하는 것 같고, 성공의 필수조건이 바로 성실이라는 생각이 든다.

미국 애리조나대학교에서 오신 교환교수님이 개설하신 과목이 있었다. 그의 과목을 수강하면서 나는 질문도 많이 했고, 수업 후에는 그와 대화도 많이 했다. 그는 학문에 대한 나의 열정과 절실한 마음을 잘 알아주는 것 같았다. 대화 중 논문 주제가 탄광도시라고 하니까 그는 지하자원을 기반으로 잠깐 성장했다가 소멸한 유령도시가 미국에 많이 있다고 하면서 유학을 권유하는 것이 아닌가?

그 교수님의 말씀을 들으면서 내 선택에는 유학도 있음을 생각하게 되었고, 실질적으로 유학을 준비하기 시작했다. 그때는 아내를 만나기 전이었다. 아내를 만난 후 여러 문제로 유학에 관한 생각이 흔들릴 때도 있었지만, 아내는 나를 붙들어 주기도 했었다. 결국 나는 현실적인 여러 고민이 있었지만, 유학을 포기할 수는 없었다.

졸업논문을 쓰면서 큰 부족함을 느끼는 현상은 논문을 쓴 사람들이라면 모두가 경험하는 것이다. 다음 장에서 말하겠지만 박사학위를 받을 당시에 나는 부족함을 최대로 느끼기도 했다. 공부를 하면 할수록 부족해지는 것은 분명 모순같이 보이지만 그것은 사실이다. 아마 논문의 목적이 자신의 한계와 무식함을 느끼고 겸손하게 만드는 데에 있지 않을까 하는 생각이 들 정도였다.

먼저 유학을 가게 된다면 어느 나라로 갈 것인지에 대해 결정해야 했다. 유학 중인 도시공학과 선배들께 자문을 구했는데, 그들 모두가 미국을 추천했다. 그리고 몇몇 대학교에 자료 요청을 하니 장학금 혜택이 없는 경우 유학경비는 생활비 포함하여 일 년에 미화로 1만 3,000달러(당시 환율로 환산하면 대략 1,000만 원 정도)가 필요하다는 것이었다. 1985년 내 월급이 35만 원에서 40만 원 사이였으니 그만한 돈이 있을 리가 만무했다. (참고로 당시 대졸 사원들의 월급 수준은 평균적으로 30만 원 정도였던 것으로 기억한다.)

부모님께 유학경비에 대해 말씀드리니 곰곰이 생각하신 후에 그 돈을 마련해 줄 터이니 공부를 열심히 하라고 말씀하셨다. 우리나라가 세계에서 유례를 찾아볼 수 없을 정도로 빠른 경제 성장을 이룬 것에는 자녀교육에 대한 부모님들의 아낌없는 지원이 있었기 때문에 가능했다고 생각한다. 다시 말해, 부모님들의 지원으로 인해 자녀들의 교육수준은 높아질 수 있었고, 높아진 교육수준은 종국적으로 높은 인적자본 형성과 함께 높은 생산성으로 이어질 수 있었다. (인적자본의 수준과 생산성 사이에는 밀접한 상관관계를 갖는다.) 그러므로 높은 생산성을 가진 사람들이 경제활동에 참여하니 경제성장은 빠르게 이루어질 수밖에 없었던 것이다.

논과 밭을 팔아서라도 자식만큼은 교육을 잘하고자 했던 부모님들 덕분에 우리가 이렇게 살 수 있게 되었다고 생각한다. 우리나라 부모님들의 자식교육에 대한 열정은 아마 세계 최고 수준일 것이다. 아직도 난 유학경비를 말씀드렸을 때의 부모님, 특히 어머니께서 깊은 고민에 잠기신 얼굴을 잊을 수 없다.

유학을 위해 TOEFL이나 GRE와 같은 시험 준비를 했다. 시험 준비 외에도 대학에 지원할 서류 준비가 생각보다 복잡했고, 시간도 오래 걸렸다. 나는 학비 때문에 사립대학보다는 주립대학교 중에서 지원할 대학을 찾았고, 그중에서 오하이오 주립대학교(The Ohio State University)를 포함하여 3개 대학에 지원했다. 인터넷이 없었던 시절이라서 모든 서류접수는 우편을 통해 이루어졌다. 물론 유학 대행기관이 있었지만 혼자 준비하는 것이 미국 대학과 미국을 이해하는 데 있어 첫걸음이라 생각하고 그렇게 했다.

유학을 준비하면서 내게는 하나의 작은 습관이 생겼다. 그것은 퇴근하고 집에 들어갈 때면 아파트의 우편함을 기대와 설렘으로 바라보는 습관이었다. 그것은 미국 대학에서 보내온 편지와 서류를 우편함에서 확인하고 그에 따라 유학 절차를 밟았기 때문이다. 1985년 가을부터 서류를 준비해서 1986년 말에 지원을 완료했다. 그리고 1987년 봄에 입학허가서(I-20)를 받았으니 거의 2년 동안 유학이라는 것이 내 머릿속을 떠난 적이 없었으며, 우편함을 그냥 스쳐 지나간 적도 없었다.

입학허가서를 받고 너무나 기뻤고, 결혼 후 아내와 함께 미국에 가서 공부한다는 생각에 하늘을 날아갈 것 같은 기분이었다. 그러나 그해 6월에 결혼이 예정되어 있었고, 처리해야 할 일들도 있어 나는 학교에 연락해서 입학을 한 학기 연기하여 1988년 1월부터 시작하기로 했다. 한 학기를 연기하니 약간의 여유가 생겼으며, 차근차근 유학 떠날 준비를 할 수 있어 좋았다.

1987년에는 내게 많은 일들이 집중적으로 일어났다. 1월에 대리로 승진했고, 4월에 약혼식, 6월에 결혼식이 있었으며, 그리고 8월에는 대학원 졸업식이 있었다. 1988년 1월 2일에 학기가 시작되어 나는 12월 중순까지 회사에 근무하고 미국으로 떠났다.

미국으로 떠날 때는 혼자 떠났고 아내는 나중에 오기로 했다. 아내의 비자 관련 서류가 늦어졌기 때문이었다. 또한 아내는 임신 중이어서 불편한 몸으로 와서 거처를 마련하는 것보다 내가 먼저 가서 준비하는 것이 좋을 것 같았다. 그렇게 기다렸던 유학이었지만 떠날 때는 가족과 친구들과 헤어지는 것이 어찌나 마음이 아팠는지 모른다. (이런 마음은 유학생 모두가 같을 것이다.)

우연을 가장한 필연의 연속들

....

난 그 모든 것들을 우연이라고 생각하지 않는다. 오래전부터 누군가가
나에 대해 시나리오를 만들었고, 난 그저 시나리오의 배우로서 열심히 생활했던 것이다.

회사를 떠나면서 나는 '대우'라는 회사에 무척 감사했다. 대우는
사회와 내 전공에 대해 많은 것을 가르쳐준 고마운 회사였기 때문이
다. 대우에서 근무했던 3년 6개월의 짧은 시간을 무엇이라고 표현할
수 있을까? 어둠 속에 있었던 내가 꿈과 희망을 찾은 시간이었다는
표현이 적절할 것이다. 그 기간은 달콤했던 시간이 아니라 정신적으
로나 육체적으로 고통을 동반한 연단의 시간이었다. 또한 꿈과
희망을 지니는 것이야말로 바로 힘이라는 사실도 절실하게 느꼈던
시간이었다.

내가 군 생활에서 몸과 마음의 자세를 배웠다면, 대우에서는
사회인으로서의 자세를 배우고 전공에 관심을 갖게 되었다. 장래에
대해 아무런 준비가 없었던 내게 3년 6개월 동안 월급을 주면서

가르쳤던 대우에서의 생활은 내 인생에서 가장 치열하면서도 가장 귀한 시간이었다. 나는 복을 많이 받은 사람이며, 받은 복 중에 가장 큰 것이 인복이었다. 어디에 가든 좋은 사람들을 많이 만났으며, 그들로부터 도움도 많이 받았고 배우는 것 또한 많았다. 대우에서도 마찬가지였다.

대우에 입사할 때는 늘 뒷전에 있었던 내가 자신감을 갖고 나설 수 있었던 것은 바로 실력과 인품이 훌륭한 사람들이 주변에 있었기 때문이다. 그들로부터 사회인으로 살아가는 데 갖추어야 할 기본적인 소양이나 자세 그리고 예절 등을 배울 수 있었다. 물론 그들이 갖고 있었던 현장에 대한 깊은 지식과 이해 그리고 일을 만들어 가는 능력에 대한 배움은 일종의 덤과 같은 것이었다.

대우에 근무하면서 내게 있었던 일들을 구분해 보면, 회사 입사와 적응—대학원 입학과 졸업 및 유학준비—아내와의 만남과 부모님과의 긴 갈등—결혼과 유학으로 나눌 수 있을 것이다. 이런 일들을 생각해 보면 대우에서 근무하면서 정말 많은 일들이 내 인생에서 밀도 있게 있었던 것 같고, 치열하게 시간을 보냈다는 생각이 든다. 그리고 회사에 입사해서 모든 일들을 내가 고민하면서 스스로 극복했다고 생각했는데, 정말 중요한 순간에는 누군가가 내 손을 잡아 이끌고, 단지 나는 그 이끄심에 따라 생활했음을 알게 되었다.

처음 대우에 들어갔을 때 분명 나는 갈림길에 서 있었다. 어떤 부서로 가야 할 것인가 막막했었고, 선택의 여지는 거의 없어 보였다.

그때 누군가에 의해 등을 떠밀려 강제로(?) 개발사업부로 가게 되었다. 만일 개발사업부가 아닌 다른 부서로 배치되었다면 지금의 나는 분명 없었을 것이라고 확신한다.

예수님을 잘 믿는 아내를 만난 것도 내가 개발사업부에서 근무해서 가능했다. 아내를 잘 아는 후배 사원이 개발사업부에 배치되고, 내 옆자리에서 일했기 때문이었다. 그 후배 사원은 짧은 기간 동안 대우에서 근무했으므로 그가 다른 부서에서 근무했다면, 아니 같은 부서라도 다른 팀에서 일했다면 아내와의 만남은 가능하지 못했을 것이다.

그리고 아내와의 만남도 깨질 순간에 예상치 못하게 동창 친구가 나타나 만남을 이어갈 수 있었고, 결혼까지 갈 수 있었던 것이다. 만일 아내와의 만남이 지속되지 못했다면, 나는 하나님도 알지 못했을 것이고 천국에 대한 소망도 갖지 못했을 것이다.

이와 같이 내가 경험한 대우에서의 일련의 일들에 대해 남들은 우연적인 면이 많았다고 말할 수 있을지도 모른다. 그러나 난 그 모든 것들을 우연이라고 생각하지 않는다. 이는 오래전부터 누군가 나에 대해 시나리오를 만들었고, 난 그저 시나리오의 배우로서의 역할을 열심히 했던 것이다. 이것은 하나님께서 다락방에서의 내 기도를 기억하시면서 나를 위해 마련한 길이었음을 확신했다.

그러나 당시에는 그런 시나리오에 대해서 전혀 인식하지 못했다. 유학길에 오를 때에는 단지 공부를 열심히 해서 박사학위를 빠른 시간 내에 취득하겠다는 생각으로 가득 차 있었다. 되돌아보면, 유학시절은 내 인생의 모든 면에서 가장 행복한 시절이었다. 하지만 유학길에 오르기 위해 비행기에 탑승할 때만 해도 미국에서 펼쳐질 행복의 시간이 나를 기다리고 있다는 것도 모르고 있었다.

제3장

유학생활에 뿌려진 믿음의 씨앗

책을 보고 있는데, 누군가 내게 귓속에 대고 속삭이는 것 같았다. "너의 모든 것이 이미 결정되었으니 아무 걱정하지 말라. 내가 너와 함께하겠다." 나는 순간 이것은 하나님의 말씀이라고 확신하면서 종이를 꺼내 그 말씀들을 적어 내려갔다. 그리고 적은 종이를 책상 서랍에 두고 보물같이 다루었고, 어려울 때, 믿음의 증표로서 종종 꺼내 보며 힘을 얻었다.

유학생활

....

아침 일찍 도서관 앞에 가서 체조하며 기다렸다가 문이 열리면
첫 번째로 입장했고, 나갈 때는 어떤 경우라도 마지막에 나가려고 했다.

미국 도착과 공부 준비

1987년 12월 중순, 드디어 서울을 떠나 유학길에 올랐다. 미국
뉴욕을 거쳐 워싱턴에 도착했고, 그곳에서 2주간 머물렀다. 둘째
자형이 한국 대사관에 상무관으로 근무하고 있어 그곳에 있으면서
미국에서 생활하는 데 필요한 것들을 준비하기 위해서였다. 도착한
후 이틀 만에 자형과 함께 비행기를 타고 오하이오주립대학교가
있는 콜럼버스에 다녀와야 했는데, 그 이유는 아내가 오기 전에
먼저 거처를 마련하는 것이 중요했기 때문이다.

자형의 넓은 인맥을 통해 오하이오주립대학교에 계신 한인 교수
님을 소개받았다. 그 교수님은 내게 왜 혼자 왔느냐고 물었고, 나는
아내의 해산일이 3월 15일이라 먼저 왔으며 거처가 마련 되는대로

아내가 올 것이라고 대답했다. 그랬더니 그는 해산예정일이 겨울학기의 학기 말 고사 기간이라 아내가 편안하게 서울에서 출산하고 봄 학기가 끝나는 6월에 오는 것이 모두에게 최선이라고 강조하는 것이었다. 당시 오하이오주립대학교는 4학기제(quarter system)였고, 겨울학기는 1월 초에 시작하여 3월 중하순에 마치게 되어 있었다. 지금은 2학기제(semester system)로 전환했다고 한다.

그리고 그 교수님은 도시 및 지역계획학과의 박사과정에 있는 윤대식 선생을(영남대학교 도시공학과 교수로 재직하다가 2021년에 정년퇴직했다.) 소개해 주었다. 윤 선생은 학과에 관한 설명도 해주었으며, 다른 대학으로 전학하는 유학생의 아파트도 소개해 주었다. 공동묘지가 뒤에 있기는 했지만, 환경은 대체적으로 좋은 것 같아서 난 그 아파트에 들어가기로 했다. 거처도 마련되고 학과에 대한 설명도 들었으니 공부만 하면 될 것 같았다. 그러나 마음이 왠지 모르게 무거웠다. 그것은 바로 아내 때문이었다.

출산을 앞둔 아내를 미국에 오게 하는 것이 정말 잘하는 것인가 하는 의구심이 생기는 것이었다. 해산일과 기말고사가 겹쳤을 때, 이역만리 타국에서 어찌할 바를 몰라 부부가 발만 동동 구르는 최악의 상황도 생각해 보았다. 생각이 여기에 이르자 아무래도 아내가 오는 것은 무리인 것 같았다. 워싱턴으로 돌아와서 아내에게 6월에 오는 것이 좋겠다고 하니 아내는 안타까워했지만, 남편의 공부를 위해서는 어쩔 수 없는 것으로 이해하는 것 같았다.

워싱턴에 머물면서 자동차 면허도 취득했고, 자동차도 구매했으며, 생활에 필요한 집기도 누이로부터 받았다. 자동차는 2,650달러에 구매한 1980년형 닛산 센츄라였고, 그 자동차는 충성스러운 말과 같이 유학기간 동안 나와 가족에게 큰 어려움을 주지 않았다. 당시에는 유학생이 새 차를 사는 경우는 거의 없었으며, 대부분 골동품과 같은 오래된 차를 구매하였다.

오래되고 저렴한 자동차를 구매하다 보니 유학생들마다 자동차로 인한 일화가 많았다. 기말시험을 볼 때 시동이 걸리지 않아 낭패를 봤다거나, 지도교수와 공항에서 만나기로 했는데 자동차가 갑자기 도로에서 멈추는 바람에 비행기를 타지 못해 난처한 상황이 발생했다는 둥 다양했다. 내 경우는 엔진오일을 교체했는데 무슨 문제였는지 머플러에서 연기가 엄청나게 많이 나와 건물에서 화재가 발생한 줄 알고 경찰이 오기도 했다. 그때의 유학생과 지금의 유학생 사이에는 생활의 여러 면에서 많은 차이가 있을 것이다.

자동차에 이민 가방 2개와 누이가 준비해준 생활 집기 등을 싣고서 자형과 함께 콜럼버스로 향했다. 고속도로 I-70을 타고 가면서 주변을 보니 펼쳐지는 모든 광경이 그림과 같이 좋았고, 사진기로 어디를 찍어도 달력으로 만들 수 있을 것 같았다. 미국의 본토는 땅이 넓어 시간도 4시간대, 즉 동부 표준시(eastern time sone), 중부 표준시(central time zone), 산악 표준시(mountainous time zone) 그리고 태평양 표준시(pacific time zone)로 구분된다.

워싱턴과 콜럼버스는 같은 시간대인 동부 표준시에 있지만 시속 100km 정도의 속도로 7~8시간을 가야 도착할 수 있는 거리였다. 서울에서 남쪽으로 그렇게 달린다면 아마 남해 바다 위에 있을 것이다. 광활한 땅에 비옥한 토지를 가진 미국은 참으로 복을 많이 받은 나라였다. 이런 곳이라면 어디에서든 아내와 잘살 수 있을 것 같았다.

유학을 떠나기 전에 공부할 대학교를 찾는 것이 중요했다. 하지만 인터넷이 없었던 시절이라 내게 맞는 대학교를 찾는 데는 많은 제약이 있었고, 탄광도시와 같은 특수 도시의 계획방법론에 특화된 학과를 찾기도 어려웠다. 자료를 보니 도시계획학과는 대학원에 설치된 경우가 대부분이었다. 이것은 도시계획이란 학문 자체가 종합학문의 성격이 강해서 다양한 분야에서 접근이 가능하다는 것을 보여주는 것이었다.

자료에서 내 눈길을 끌었던 대학이 있었는데, 그 대학이 바로 오하이오주립대학교였다. 대학 내 도시 및 지역계획학과(Department of City and Regional Planning)가 있었고, 그 학과에 특화된 프로그램 중 제3세계의 개발프로그램(The Third World Development Program)이 있었던 것이었다. 경제적으로 낙후한 제3세계의 환경이 탄광지역과 유사하여 계획에 접근하는 방법도 비슷할 것 같다는 생각이 들었다. 또한 그 프로그램을 소개하는 사진에 한 교수님이 강의하는 모습이 있었는데, 그 모습이 꼭 적도의 성자인 슈바이처 박사와도 비슷했다.

아무튼 자료를 보고서 오하이오주립대학교에서 공부하고 싶다는 생각이 들어 지원했고, 입학허가서를 받았던 것이다. 오하이오 주도(州都)인 콜럼버스는 교육과 행정에 특화되었으며, 생활환경도 우수하여 당시에는 미국 내에서 살기 좋은 도시로 항상 상위권에 있었다. 아내와 함께하지 못해 아쉬웠지만 6개월 후에 만날 아내와 아이를 기대하면서 자형과 함께 콜럼버스로 향했던 것이다.

생활의 원칙 세우기

대학원 등록과 수강할 과목 신청이 완료되면서 드디어 실질적인 공부가 시작되었다. 공부를 시작하면서 나를 놀라게 했던 것은 바로 그들의 정확성이었다. 첫 강의는 1988년 1월 2일 오후 2시에 있었는데, 나는 과연 담당 교수가 신년 초의 첫 강의를 할 것인지 반신반의했다. 당시 우리나라에서는 신년 연휴가 3일간이어서 1월 2일에 뭘 한다는 것이 매우 생소했다. 그러나 정확한 시간에 교수는 강의실에 들어왔고, 정해진 시간까지 열정적으로 강의하는 모습이 매우 인상적이었다. 그리고 그런 것은 당연하다는 듯한 학생들의 태도에도 놀라지 않을 수 없었다.

문제는 내 영어였다. 유학을 떠나기 전에 나름대로 영어 공부에 충실했었지만, 교수의 강의를 이해하기에는 턱없이 부족한 수준이었다. 대우에 입사했을 때와 마찬가지로 답답함과 무거운 자괴감이 몰려왔다. 다른 한국 유학생들이 미국 학생들과 유창하게 대화하는 모습을 보면서, 그런 그들이 내심 부러웠다. 어쩜 그렇게 영어를 잘하는지 궁금하기도 했다.

첫 학기에 수강 신청한 과목과 학점은 4과목에 18학점으로 기억한다. 강의를 들으면서 답답함과 자괴감은 계속되었고, 그때는 정말 나에 대한 모든 것이 의심되는 순간이었다. 한국에서 안정된 회사를 포기하고 공부를 위해 왔는데, 모든 과목에서 헤매고 있는 내 모습은 참으로 한심해 보였다. 그러면서 한국에서 나만 생각하고 있을 아내의 얼굴이 떠오르곤 했다.

과거에도 유학생들은 많았을 것이고, 그들도 나와 같은 어려움이 있었을 텐데, 그들은 어떻게 극복했을까 고민도 해 보았다. 그들이 했다면 나도 할 수 있다는 확신과 기대도 있었지만, 한편으로는 그들과 나는 근본적인 역량의 차이가 있을 것 같기도 했다. 생각이 여기에 이르자, 나는 그 차이를 메울 수 있는 나만의 무기를 찾아내야만 했다. "천재란 1%의 영감과 99%의 노력이다."라고 말한 발명의 왕 에디슨의 말이 머리를 스쳤다. 천재인 에디슨이 그렇게 말했다면 나 같은 평범한 사람은 99%가 아니라 999%의 노력을 해야 한다고 마음먹으면서, 노력만이 나의 무기가 되어야 한다고 결심했다.

당시 내게 가장 필요한 것은 생활의 규칙을 만드는 것이었다. 그래서 만든 단순 규칙이 바로 '도서관의 입장은 제일 먼저! 나올 때는 제일 늦게!'였다. 일찍 가서 늦게까지 남는 것은 내가 잘하는 것 중의 하나였다. 앞 장에서 언급했듯이 대우에서 근무할 때도 1시간 먼저 출근했고, 밤늦게 퇴근했었다. 대학의 중앙도서관은 오전 7시 30분부터 밤 12시까지 개방되었다. 정확한 층수에 대해서는 기억이 없으나 약 12층 정도는 되지 않았을까 생각된다. 그중에서 난 3층에 있는 자리를 늘 이용했었다. 거기에는 넓은 책상들이 있었는데, 여러 책들과 노트를 펼쳐 놓고 공부하기에 아주 좋았다.

아침 일찍 도서관 앞에 도착해서 체조하면서 기다렸다가 문이 열리면 첫 번째로 입장했다. 그리고 퇴장할 때는 어떤 경우라도 마지막에 나가려고 했다. 혹시라도 3층에 한 명이라도 남아 있으면 그 학생이 퇴장할 때까지 뭔가를 하면서 기다렸고, 근무자가 내게 와서 퇴장하라고 해도 다른 핑계를 대며 더 머물러 있기도 했다.

학과에서는 큰 사무실을 여러 공간으로 구분하여 연구조교들(research assistants)과 교육조교들(teaching assistants)이 개인공간으로 사용할 수 있게 했다. 그러나 그 공간의 문제는 방문하는 학생들이 많아서 집중해서 공부하고자 할 때는 어려움이 있었다. 그래서 난 공부에 방해가 없는 중앙도서관을 자주 사용했다.

한국 유학생들은 내가 어디에서 뭘 하고 있는지 궁금해했지만, 나는 나름대로 최선을 다해서 공부하고 있었다. 그리고 도시 및 지역계획학과에서 공부하는 미국 학생 중에는 수학이 약한 학생들이 많았고, 나는 그들에게 수학에 도움을 주면서 나의 영어 선생이 되어 달라고 부탁하기도 했다. 그렇게 생활하면서 차츰 학업에 적응해 나갔다. 그러나 영어의 어려움은 늘 나를 따라다녔다.

라벤뉴 (Burkhard von Rabenau) 교수와의 만남

내 인생에서 만난 사람 중 고마운 사람을 꼽으라면, 지도교수였던 라벤뉴 교수님인데, 그분은 손꼽히는 몇 안 되는 분들 중의 한 분이다. 그는 천재성을 가졌고, 거기에 학생들보다 더 열심히 연구하는 성실성까지 있었다. 처음 만난 내게 라벤뉴 교수님이 했던 인사말은 "What can I do for you?"였다. 이 인사말은 서비스업에 종사하는 사람들이 일상적으로 하는 것이다. 그런데 교수가 학생에게 그런 인사말을 한다는 것이 놀라웠다.

라벤뉴 교수님께 탄광도시와 같은 특수 도시의 계획 방법에 관한 공부를 하러 왔다고 하니, 그는 잘 왔다고 하면서 내가 수강해야 할 과목들과 방법론들에 대해 친절히 설명해 주었다. 국적이 독일인 라벤뉴 교수님은 내게 다양한 모습으로 보였다. 겉모습은 마치 독일의 철혈 재상이었던 비스마르크와 같은 카리스마 넘치는 강인한 사람 같기도 했고, 앉아서 자신의 연구에 집중할 때는 아인슈타인 박사와 같았으며, 때로는 슈바이처 박사와 같은 모습으로 보이기도 했다.

나는 라벤뉴 교수님을 두려워하면서도 존경했고, 그의 일거수일

투족이 다 좋았다. 그러다 보니 나의 행동과 말도 그를 조금씩 따라서 하게 되었다. 나중에는 학과 학생들이 나를 Rabenau Junior 라고 부르기도 했다. 5년 동안 라벤뉴 교수님께 지도를 받았으니 당연히 많은 일화가 있었다. 첫 번째 일화는 첫 학기 그의 과목을 수강할 때였다. 그의 발음은 영어와 독어의 억양이 혼합되어 조금 독특했다. 최소한 내게는 그렇게 들렸고, 그래서 그런지 나는 그의 강의를 이해하기가 쉽지 않았다.

지도교수의 과목을 열심히 해서 좋은 인상을 주고자 했지만, 영어와 그의 억양 때문에 강의를 따라가기가 어려워 고민이 많았다. 3주 정도가 지났을 때 나는 용기를 내어 그를 찾아가서 강의 노트를 빌려달라고 했다. 그렇지 않으면 과목을 망칠 것 같았기 때문이다. 내 말을 듣고서 그는 크게 한바탕 웃더니 강의 노트를 빌려달라고 요청한 학생은 자기가 교수가 된 이래 처음 보았다고 했다. 그러면서 노트보다 관련 책들을 더 많이 읽으라고 권해 주면서 선뜻 강의 노트를 빌려주는 것이었다.

강의 노트를 빌려달라고 한 학생이 내가 처음이었다는 말에 얼마나 부끄러웠는지 모른다. 그래서 그 이후 나는 그러한 요청을 두 번 다시 하지 않았다. 그때는 몰랐었는데, 지금 생각해 보니 교수가 자신의 강의 노트를 학생에게 빌려주는 것은, 사실 쉽지 않은 일이었다. 왜냐하면 강의 노트에는 강의 내용만 있는 것이 아니라 개인적인 메모 내용도 있기 때문이다. 만일 똑같은 이유로 학생이 내게 강의 노트를 요청한다면, 아마 강의 노트를 빌려주는 대신 다른 방법을 찾아서 학생을 도왔을 것이다.

토지주택연구원에서 라벤뉴 교수님의 특강 후 필자와 함께(2023년 1월)

라벤뉴 교수님은 박사과정 학생들을 가급적 학교가 아닌, 자기 집에서 지도하길 원했다. 학교에는 학생들이 많이 찾아와 박사과정 학생들을 지도하는 데 흐름이 끊어질 수 있기 때문이었다. 그의 집에 가면 최소 2시간 이상을 지도받았는데, 나는 그때가 괴로웠다. 영어가 약해 그의 말을 이해하지 못할 때가 많았고, 내 생각을 표현하는 데도 한계가 있었기 때문이다. 게다가 주제에 대한 기초 지식도 없어서 그와 책상에 마주 앉으면 마치 형사에게 취조받는 느낌이었다. 그리고 내 무식이 한없이 드러나기도 했으며, 그가 지도하고 지시한 내용을 이해하고 이행하는 데도 어려움이 많았다. 그래서 라벤뉴 교수님 집에 갈 때마다 나는 마치 도살장으로 끌려가는 소와 같이 긴장했고, 그런 모습을 보고 아내는 떠나기 전에 나를 위해 기도하곤 했었다

한번은 그의 지도 내용을 정확히 파악하고자 녹음기를 가지고 간 적이 있었다. 그와 만났을 때 녹음기에 마이크를 설치하려고 했더니 그는 정말 한심하다는 듯이 쳐다보았다. 그러면서 '녹음을 왜 하려느냐?'라고 묻는 것이었다. 그래서 교수님의 지도 내용을 정확하게 이해하기 위해서라고 했더니, 그는 시간을 그렇게 사용하면 어떻게 하느냐고 반문하는 것이었다.

그리고 자신이 참기 어려운 것은, 내가 집에 돌아가서 첩보원들이 하듯이 헤드폰을 쓰고 대화의 내용을 반복해서 듣는 모습이라고 했다. 자신이 지도교수이니 이해가 안 되면 미안해하지 말고 솔직히 말하라는 것이었다. 그러면서 시간을 그렇게 사용하면 안 된다고 거듭거듭 강조했다. 유학 가기 전에 누군가가 성능 좋은 녹음기를 가져가라고 해서 준비했던 것이었는데, 이 일이 있고 나서는 유학기간 중 단 한 번도 사용하지 않았다.

라벤뉴 교수님은 자신의 연구뿐만 아니라 학생 지도에도 진지했다. 한번은 밤늦게까지 지도를 받고 집에 오니 자정이 넘었다. 지도받은 내용은 다음 날 아침에 정리하기로 하고 우선은 피곤해서 그냥

잠이 들었다. 다음 날 아침에 학교 사무실에 가서 지도받은 내용을 정리하고 있었는데, 복도 끝에서 군인의 발걸음과 같이 쿵쿵 소리를 내면서 누군가 내 책상이 있는 곳으로 걸어오는 것이었다. 바로 라벤뉴 교수님이었는데, 그는 어젯밤에 자신이 말한 것을 수학적으로 증명해 오신 것이었다.

종이에 적은 내용을 보고는 그분의 열정에 대해서 놀라움으로 주체할 수가 없었다. 지도받은 학생은 집에 돌아와 피곤하다고 잠을 잤는데, 교수는 학생을 보내고 나서 자기 생각을 밤새 정리했던 것이다. 교수와 학생의 입장이 바뀌어도 한참 바뀐 것이었다. 그가 건네준 종이를 받고서 나도 나중에 교수가 된다면 라벤뉴 교수님의 모범을 따르겠노라고 결심했다.

시간이 지나면서 차츰 지도받기 위해 라벤뉴 교수님의 집에 가는 것이 오히려 기다려지고 기대감도 생기게 되었다. 내가 논리적으로 사고한다는 느낌과 무엇을 깨달아간다는 확신이 들었기 때문이다. 그러나 그런 마음을 갖기까지는 어려운 시간의 터널을 통과해야만 했다. 초기에 라벤뉴 교수님은 내가 작성한 페이퍼를 거의 읽지 않았다. 내용도 미미했고, 논리도 정연하지 않아서 읽을 수가 없었던 것이다. 아마 그런 페이퍼를 읽는 것은 시간 낭비라고 생각했을 것이다. 당시 내가 작성한 페이퍼를 보면, 지금의 나조차도 도저히 읽을 수가 없으니 말이다.

내가 30년 동안을 교수로서 학생 지도와 연구를 할 수 있었던 것은 모두 라벤뉴 교수님의 덕이라고 생각한다. 당시 그가 내게 주로 지적한 것은 기존 연구들을 바라보는 비판적 시각과 글의 논리적 전개에 관한 것이었다. 그러고 보니 글을 논리적으로 작성해 본 적도, 그리고 그런 교육을 받아 본 적도 없는 것 같았다. 그래서 내가 교수가 된다면 내가 맡은 강의에는 학부와 대학원을 막론하고 페이퍼를 요구하고, 그를 통해 학생들에게 글을 논리적으로 전개하는 것에 대해 가르치겠노라고 결심했다.

그는 도시계획자이자 지역경제학자였다. 그를 처음 만났을 때, 학과소개 자료에서 봤던 모습 그대로였다. 그는 유엔개발프로그램(United Nation Development Program, UNDP)과 세계은행(World Bank)에서 하는 다양한 후진국의 개발 프로젝트나 계획 연구에 많이 참여했다. 그래서 학기 중 최소 한 번은 해외에 출장을 갔으며, 방학 때는 해외에서 주로 머물면서 연구하기도 했다. 그는 자신이 하는 일들을 정말 좋아할 뿐만 아니라, 즐기기까지 하는 것 같았다. 그의 글에는 독특한 스타일이 있었는데, 우선은 읽기가 편했으며, 내용도 명료했고, 전개 과정에 무리가 없었다. 나는 지금도 여러 페이퍼가 내 앞에 있다면, 그중에서 라벤뉴 교수님의 것을 찾아낼 수 있을 정도다.

나는 사람들에게 운이 좋아서 라벤뉴 교수님을 만났던 것이라고 늘 말하곤 한다. 운이 좋았다는 것은 내가 쉽게 공부했다는 것이 아니라, 많이 배울 수 있었다는 의미에서다. 사실 내가 한국 학생으로는 라벤뉴 교수님의 첫 번째 박사과정 학생이었고, 첫 번째 박사이기도 했다. 라벤뉴 교수님으로부터 배운 것을 생각할 때는 늘 그에게 감사하는 마음이고, 그를 만난 것은 하나님의 예비하신 은혜였음을 다시금 느끼곤 한다.

아내의 입국과 믿음의 증표

....

누군가 내게 귓속에 대고 속삭이는 것 같았다.
"아무 걱정하지 말라. 내가 너와 함께하겠다."

병원 입원

어려움은 많았지만 공부는 무난하게 해 나갔다. 겨울학기에 내가 가장 기다렸던 소식은 3월 15일 아내의 출산이었다. 아내는 정확히 예정일에 맞춰 건강한 딸을 출산했다. 내가 한국을 떠날 때 모두들 아들일 것이라고 했고, 나도 아들을 기대했다. 그런데 딸이라는 소식을 들고는 오히려 기쁨이 더 커지는 느낌이었다. 왠지 모르게 그 딸이 우리 집안에 행운과 기쁨을 가져다줄 것만 같았다.

딸이 태어났다는 소식을 들으면서 나는 공부에 더욱 전념해야겠다고 마음먹었다. 아내와 딸을 위해 내가 무너지면 안 되지 않겠는가! 그러면서 봄 학기가 끝나는 6월만 기다렸고, 비행기가 공항으로 가는 것을 보면 나는 멍하니 그 자리에서 비행기를 한참 바라보면서 아내와 딸이 오는 즐거운 상상을 하곤 했다.

언급했듯이 질서 있는 생활과 효율적인 시간 활용을 위해 무엇보다도 생활의 규칙을 수립하는 것이 중요했다. 당시 내 하루의 생활규칙은 다음과 같았다. 아침 6시에 기상해서 학교에 갈 준비를 하고 점심과 저녁에 먹을 2개의 도시락을 준비했다. 도시락의 메뉴는 일주일 내내 똑같았는데, 식빵에 햄과 치즈를 넣은 토스트와 샐러드였다. 그래서 가방에는 책과 노트 그리고 점심과 저녁에 먹을 토스토 2통과 샐러드 2통, 총 4개의 플라스틱 통으로 꽉 차 있었다. 학교에 도착하면 곧바로 제일 먼저 도서관에 들어가려고 했다.

점심과 저녁은 대부분 자동차 안이거나 또는 캠퍼스 벤치에서 먹었다. 그리고 도서관에서 자정까지 공부하고 집에 가서 설거지를 하면 오전 1시 정도에 잠을 잘 수 있었다. 이런 생활은 특별한 일이 없는 한 월요일부터 토요일까지 동일했으며, 일요일에는 마켓에 가서 일주일 동안 먹을 식빵과 과일 그리고 샐러드 재료를 사 왔다. 밥과 김치가 그리웠지만 어쩔 수 없었고, 그래서 한국 유학생이 자기의 집에서 식사하자고 하면 나는 빠짐없이 그 집에 갔었다. 밥과 김치를 마음껏 먹을 수 있었기 때문이다. 당시에는 교회에 나가지 않아서 일요일에도 오후에는 중앙도서관에 가곤 했다.

하루는 침대에 눕자, 몸속에서 콸콸거리며 물이 흘러가는 소리가 20~30초 동안 계속 나는 것이었다. 깜짝 놀라 이게 무슨 소리인가 긴장하지 않을 수 없었다. 다음 날 수업 시간에 다른 사람들과의 대화에서 몸에서 물 흐르는 소리가 난다고 말하자, 어느 학생이 잠을 자는 자세가 좋지 않아서 그런 것이라며 자신도 그럴 때가 있다고 위로해 주는 것이었다. 그래서 그런가 보다 하면서 대수롭지 않게 생각하고 지나갔다.

미국도 우리나라의 현충일 같은 날이 있는데, 그날이 메모리얼 데이(Memorial Day)이다. 그날은 구체적인 날짜로 지정되어 있지 않고 5월 마지막 주 월요일로 지정되어 있어 일반인들에게는 토요일부터 월요일까지 3박 4일간의 짧은 휴가가 주어진다. 그러나 학생들은 학기 말이 다가오는 시기였기 때문에 휴가로 그 연휴를 사용할 수는 없었다. 나는 목요일에 윤대식 선생 집에서 저녁식사를 했고, 윤 선생도 학기 말에 할 일이 많아 다음 날부터 나와 함께 중앙도서관에서 공부하기로 하고 헤어졌었다.

다음 날 아침, 일어나려고 하는데 몸에 열이 나고 두통도 심해 도저히 일어날 수가 없었다. 윤 선생에게 연락한 후 한국에서 가져온 감기약을 먹고 다시 누웠다. 그러나 마냥 누워 있을 수는 없어서 오후에 힘겹게 일어나 도서관에 갔는데, 도저히 집중하기가 어려웠고, 공부는커녕 호흡조차 곤란했다. 아무래도 몸이 정상이 아니라고 판단하고 집에 가려고 했는데, 점점 호흡하기가 어려워지는 느낌이었다.

평상시 같으면 3층에서 1층까지 몇 초면 내려왔는데, 호흡이 어려웠기 때문에 조금씩 쉬면서 내려오다 보니 1층까지 내려오는데

20분 정도 시간이 걸렸던 것 같았다. 지나가는 학생들이 괜찮으냐고 물었지만 난 괜찮다고 하면서 주차장으로 향했다. 다른 사람들이 보기에도 내 몸은 정상이 아니었던 것이다. 주차장으로 갈 때도 벤치에 앉아서 쉬기도 하면서 갈 수밖에 없었다. 갑자기 이러다가 죽을 수도 있겠다는 데 생각이 미치자, 두려움이 엄습했을 뿐만 아니라, 아직 피지도 못하고 지는 꽃과 같아 억울하기도 했다.

더욱이 아내가 잘 믿는 하나님께 섭섭했다. 내가 죽으면 어머니가 찾아가신 점쟁이의 말이 맞게 되는 것이고, 그러면 모든 비난은 아내에게 집중될 것이 불을 보듯 뻔했기 때문이다. 그렇게 된다면 아내는 너무 불행하고 불쌍한 사람이 되는 것이고, 또한 갓 태어난 딸은 어떻게 될 것인가를 생각하니 심경이 복잡해졌다. 집에 도착하자마자 감기약을 다시 먹고 누웠다.

다음 날 아침에도 열과 두통은 계속되었고, 증세는 더 심해진 것 같았다. 며칠 전 같은 학과 학생의 아내가 출산해서 축하하기 위해 대학 병원에 갔었는데, 그 병원 응급실로 가야겠다고 생각했을 정도로 마음이 다급해졌다. 아무래도 약으로 나을 것 같지는 않았다. 병원에서 사용하는 의학 용어가 익숙하지 않아 유학생들이 병원에 가면 난처한 상황들이 연출되는 경우가 많았다. 유학생 사이에서는 두통으로 병원에 가면 영어 때문에 머리가 더 아프다고 말할 정도였다. 그러나 나는 내 몸이 심각한 상태라고 판단했기에 의학 용어에 대한 두려움을 따질 여유가 없었다.

응급실에서 X-ray를 촬영하니 허파에 물이 가득 찬 것으로 나타났다. 의사는 병명이 결핵이라고 진단하면서 학기를 당분간 중단해야한다고 했다. 그러면서 내 상태를 학과장에게 편지로 알리겠다고하는 것이었다. 나는 학기를 포기하는 것은 안 된다고 통사정했지만, 의사는 결핵이 전염성이 있기 때문에 다른 학생들을 보호하는 차원에서 불가피한 조치라고 말했다. 또한 같은 이유로 나는 의사와말할 때, 마스크를 써야 했으며, 그들은 나를 1인 병실로 배정했다.

그날 채혈도 많이 했고, 특히 허파의 물은 등에 바늘을 꽂아몸 밖으로 빼냈는데, 빼낸 물이 링거병 4~5개를 가득 채울 정도였다. 그 물을 보면서 몸속에서 왜 물 흐르는 소리가 났는지 그리고 왜내가 호흡하기 어려웠는지를 알게 되었다. 특히 호흡이 어려웠던것은 허파가 물로 채워져서 공기를 받아들일 수 있는 공간이 좁아졌기 때문이었다. 그날 나는 거의 탈진상태였고, 간호사들이 계속해서채혈했는데, 나는 말할 힘도 없어서 알아서 하라고 할 정도였다.의사가 나를 결핵으로 진단한 것은 가족력 때문이었다.

어머니와 셋째 누이 그리고 동생이 결핵을 앓았었다. 그것을의사에게 알려주자, 그들은 내 폐에 문제가 발생했으니 그것은분명 결핵 때문일 것이라고 확신했던 것이다. 병실에 있는 내 모습은정말 처량하기 짝이 없었고, 공부를 중단해야 한다고 생각하니망연자실할 수밖에 없었다. 바쁜 회사에 다니면서 그리고 부모님과갈등을 하면서도 유학을 준비해서 여기까지 왔는데, 시작과 함께 중단의 위기가 왔으니 마음이 얼마나 울적하고 처량했는지 모른다.

나는 가족들에게 내가 병원에 있는 것을 알리지 않으려고 했다. 그런데 같은 과목을 수강하는 사람에게는 내 사정을 알려야만 했다. 그는 나와 같은 조로 편성되어 팀 프로젝트를 함께 진행하고 있었기 때문이다. 워싱턴에 있는 둘째 자형의 고등학교 후배인 그는 병원에 와 보고 내 상태가 심각하다고 느꼈는지 알리지 말라는 내 당부에도 불구하고 자형에게 연락했으며, 자형은 다시 한국에 연락하게 되었다. 소식을 전해 듣고 가족 모두가 놀랐고, 일정을 앞당겨 아내와 딸이 미국으로 오게 되었다.

의사들은 가래를 채취할 목적으로 병을 주면서 침을 뱉으라고 했지만, 실질적으로 가래는 나오지 않았다. 그뿐만 아니라 폐에서 뺀 물에서도 결핵균은 발견되지 않았다. 그래서 언제 퇴원할 수 있느냐고 물었더니 병명이 분명해져야 결정할 수 있다고 했다. 이에 나는 한국인 의사를 불러달라고 요청했고, 마침내 닥터 최라는 젊은 의사가 왔다. 그는 내 차트를 확인하더니 분명하게 결핵이라고 단정하는 것이었다. 나는 가래도 나오지 않고 배양에서도 결핵균이 발견되지 않았으니 결핵이 아니지 않느냐고 주장했다. 그리고 가족이 오는데 이런 모습으로 그들을 맞이하고 싶지 않다면서 감정에 호소하기도 했다.

빠른 결과와 퇴원을 위해 닥터 최는 폐의 조직을 검사하자고 했고, 나는 할 수 없이 조직검사를 받기로 했다. 검사한 결과 결핵이 아니어서 퇴원할 수 있었는데, 퇴원 다음 날이 바로 아내와 딸이 오는 날이었다. 퇴원하고 집에 오니 집꼴이 말이 아니었다. 급한 마음에 집안 환기와 청소를 마치고는 한국식당에 가서 저녁을 먹으려고 했다. 8일간 입원하고 있었기에 입맛도 없고 해서 한국 음식을 마음껏 먹고자 했던 것이다. 그러나 늦은 시간이어서 식당은 이미 영업이 끝났다. 하는 수 없이 햄버거를 사서 먹는 둥 마는 둥 하고는 집으로 돌아와서 병원에서 준 약을 먹었다.

밤에 자는데 몸 상태가 너무 좋지 않아 계속 신음이 나도 모르게 나왔다. 내가 내는 신음 소리를 듣고 잠을 깰 정도였다. 퇴원해서 병원에서 처방한 약을 먹었음도 불구하고 내 상태는 계속 악화되는 것 같았다. 다음 날 오전에 퇴원했다는 소식을 듣고 학과 사람들이 왔는데, 내 몸 상태를 보더니 자신들이 대신 공항에 나가겠다고 했다. 그러나 처음 오는 가족을 내가 직접 마중 나가야만 한다고 고집하면서, 그들의 친절한 제안을 정중하게 사양했다. 시간에 맞춰 공항에 가면서 한인 마트에 들러 된장찌개와 홍어회 등을 주문했고, 오는 길에 픽업하기로 했다. 몸 상태는 정말 좋지 않았으나, 아내와 딸이 온다는 사실만으로도 힘이 생기는 것 같았다.

아내의 입국과 교회 생활

공항 게이트에서 나온 아내는 매우 지친 모습이었다. 미국이

초행길인데다가, 비행기를 2번씩이나 갈아탔고, 100일도 안 된 딸을 좁은 공간에서 달래며 왔으니 아내의 지친 모습은 너무나도 당연한 것이었다. 또한 영어로 소통하느라 긴장도 많이 했을 것이다. 아내는 나를 보면서 기쁨과 걱정이 교차하는 것 같았고, 아내와 딸을 본 나는 말할 수 없이 기뻤지만, 딸의 얼굴을 차마 마주 볼 수가 없었다.

자동차 뒷좌석에 마련된 아기 좌석에 앉히면서 혹시 내가 가지고 있는 나쁜 병균이 딸에게 전염되면 어쩌나 하는 생각에 얼굴을 마주 볼 수 없었던 것이다. 곁눈으로 웃고 있는 딸의 얼굴을 보니 내 몸에 있는 나쁜 병균이 모두 빠져나가는 느낌이었다. 정말 사랑은 단순한 말의 표현이 아니라, 몸과 마음의 에너지로 전달되는 것임이 분명했다.

집으로 오는 길에 주문한 음식을 픽업하고 아내에게 저녁을 차려준 후에 나는 다시 쓰러졌다. 아마 집사람도 시차 적응과 갓난아기 때문에 힘들었겠지만, 신음하는 내 모습을 보는 것이 더 힘들었을 것이고 겁도 났을 것이다. 난 아무것도 먹을 수가 없었고, 물조차도 마시면 토할 정도였다. 위가 마비되었기 때문이다. 이틀간 이런 내 모습을 보면서 위험을 느꼈는지 아내는 책상에 앞에 적혀 있는 한국학생회에 전화를 걸어 도움을 요청했다. 학생회로부터 연락받은 학과 학생들이 집으로 와서 나를 다시 응급실로 데리고 갔다.

응급실에서 나는 난생 처음으로 링거주사를 맞았는데, 내 몸이 환호하는 것 같았고, 힘이 넘치는 느낌이었다. 이래서 사람들이 링거주사를 맞는구나 싶었다. 의사는 처방해준 약이 너무 강해서 위에 문제를 일으킨 것 같다며 처방된 약을 3분의 1만 복용하라고 했다. 아내의 신속한 판단과 행동 그리고 헌신적인 지원에 힘입어 나는 일어날 수 있었고, 학기도 잘 마칠 수 있었다.

아내는 미국에 오자마자 교회를 찾았다. 당시 콜럼버스에는 한인 교회가 네 곳이 있었는데, 집에서 가장 가까운 침례교회에 등록했다. 아내는 친화력이 참 좋은 사람이다. 지금까지 어디에 가든지 예외 없이 늘 환영받았다. 콜럼버스 침례교회를 방문하니 교인들은 우리를 따뜻하게 환영해 주었고, 아내는 등록 후 성가대원으로 봉사했다.

아내는 정신여고를 졸업했는데, 그 학교는 2학년생 중에서 일정 인원을 선발하여 노래선교단으로 한 반을 편성했고, 노래선교단은 교도소나 양로원 등 여러 곳을 다니면서 연주할 뿐만 아니라, 이로써 복음을 전파했었다. 지금도 노래선교단 출신들은 정신콰이어를 구성하여 전도활동을 계속하고 있다. 아내는 성악에 소질이 있어 고등학교를 졸업할 때는 담임 선생님이 성악과를 가라고 할 정도였는데, 장인께서 반대하셔서 할 수 없이 사학과에 들어갔다고 했다.

왜 장인께서 아내가 성악을 전공하는 것을 반대하셨는지 모르겠으나, 아내의 달란트를 고려해 보면 참 아쉬운 대목이다. 내가 아쉽다고 말하면, 딸과 아들은 이렇게 말하곤 했다. "엄마가 성악을 전공했으면 아빠는 도저히 만날 수 없는 사람이 되었을 거예요. 그러니 아빠는 외할아버지께 감사해야 합니다." 난 그들의 말이 백번 옳다고 생각한다. 하나님이 아내를 사랑하셔서 나를 만나게 한 것이 아니라 반대로 나를 사랑하셔서 아내를 만나게 하신 것이다.

아내에게 미국에서의 초기 생활은 한마디로 창살 없는 감옥과 같았을 것이다. 내가 학교에 가면, 딸과 함께 아파트 안에만 있어야 했고, 주변에 친구도 없었으며 국제전화비가 워낙 비싸 한국에 전화하는 것은 엄두도 낼 수 없었기 때문이다. 다행히 가을학기가 시작되기 바로 전에 결혼한 학생 부부들이 살 수 있는 학교 아파트에 들어갈 수 있었다. 학교 아파트는 삶의 질 측면에서 다른 곳과는 비교 불가였다. 보통 신청한 후 일 년 정도를 기다려야만 했는데, 우리의 경우는 운 좋게도 4개월 만에 입주할 수 있었다. 아마 그때가 특별히 졸업생이 많았던 때였던 것 같다.

아파트 단지에는 학교의 셔틀버스가 운행되었고, 큰 마켓도 바로 앞에 있었으며, 같은 교회에 다니는 한국 유학생 부부들도 많았다. 더욱이 월 임대료도 저렴했다. 모든 환경이 유학생들에게는 최고였다. 예상보다 빠르게 입주하라는 연락을 받았을 때, 아내가 너무 기뻐했고, 아내가 기뻐하니 나도 덩달아 좋았다. 학교 아파트의 입주는 바로 아내에게 창살 없는 감옥에서의 해방과 같은 것이었다.

아내는 워낙 교회 생활에 익숙했던 사람이라 교회에서의 모든 것이 자연스러웠다. 처음 내 역할은 운전기사로서 아내와 딸을 교회에 안전하게 데려다주고, 픽업하는 것이었다. 그런데 교회에 가서 목사님의 설교도 듣고 구역 모임에도 참석하면서 성경에 대해 조금씩 알게 되면서, 믿음도 서서히 자라나게 되었다. 모든 것이 그렇듯이 듣는 것은 중요했다. 그래서 '믿음은 들음에서 난다.'라고 하는 것이 아니겠는가.

우리가 참석했던 교회는 출석 교인이 70~80명 정도였고, 그중 90% 이상이 유학생인 작은 교회였다. 학생이 대부분이다 보니 서로의 처지와 관심사도 비슷했으며, 또한 공부에 있어 절실한 마음도 모두에게 동일했다. 그러나 내가 대단하다고 느낀 것은 그들의 믿음의 수준이었다. 물론 나와 같은 사람도 있었겠지만, 많은 교인의 믿음은 공부하면서 직면하는 어려움을 신앙의 힘으로 이기려는 것보다는 훨씬 깊은 수준이었다. '세상에 이런 사람들도 있구나.' 하고 느낀 적이 여러 번 있었다. 그들은 마치 나와는 다른 세상에 사는 사람들 같았다.

대표적인 사람이 김선영 자매와 그의 남편이었다. (김선영 자매는 후에 목사가 되어 국내와 해외 여러 나라를 다니면서 전도를 하다가 2019년 암으로 세상을 떠났다.) 사람들은 휴거의 확인 수단이 바로 그들이라고 말할 정도였다. 여기서 휴거란 예수님이 재림해서 공중에 임하실 때 선택받은 사람들이 천국에 올라가 그와 만나게 되는 상황을 일컫는 말이다. 다시 말해, 휴거가 일어났을 때, 선택을 받은 사람들은 이 세상에 없게 되므로 김선영 자매와 그의 남편이 집에 있다면 휴거는 아직 일어나지 않았다고 생각할 정도로 그들의 신앙심은 대단했다. 이와 같이 그 부부의 믿음이란 남들이 보기에도 의심의 여지가 없을 정도로 견고했던 것이다.

또한 박사학위를 취득하고 신학대학원에 가는 사람을 보고도 놀랐었다. (지금 한국대학생선교회 박성민 목사는 우리 가족이 교회에 등록할 즈음에 공학박사 학위를 취득하고 곧바로 신학대학원에 입학한 사람이었다. 그래서 같은 교회에 있었지만 나와 개인적인 교류는 거의 없었다.) 나는 그런 사람들을 이해하기 어려웠다. 자신의 전공 분야에서 박사학위를 받았으면, 그 분야에서 활동을 지속하는 것이 사회에 공헌하는 것이지, 자신의 전공과 다른 신학대학원에서 다시 공부하는 것은 사회적인 자원의 낭비라고 생각했었다.

믿음이 깊은 사람들과 교제하면서 그들의 분위기에 젖어 들다 보니 예전에 잠깐 나갔었던 다락방 사람들이 기억났다. 다락방 사람들이 바로 여기에 있는 교인들과 같은 사람들이었겠구나 하는 생각도 하게 되었다. 다른 사람들의 절실한 문제에 대해 자기의 일 같이 진지하게 기도하는 모습이 내게는 참 좋게 보였다. 거기에는 치열한 경쟁심이란 것은 찾아볼 수도 없었고, 서로 사랑으로 보듬어 주는 인간미가 넘치는 분위기였다.

아내는 교인들로부터 미국생활과 육아에 필요한 유용한 정보를 많이 얻었다. 어찌했든 교회에 나가면서 아내는 아내대로 행복해 했고, 나는 나대로 가족에 대한 걱정 없이 공부에만 열중할 수 있었다. 전체적으로 우리는 유학생활에 안정을 찾았던 것이다. 그렇게 생활하는 사이에 나도 모르게 예수 그리스도를 나의 구세주로 영접하고 1989년 여름에 침례도 받게 되었다.

나의 오래된 습관이 하나 있는데, 그것은 12월 31일부터 1월 1일까지 책을 읽는 것이다. 사실 그 습관은 군에 있을 때 장난삼아 시작되었다. 1983년 12월 31일 당직사관을 맡았을 때, 12월 31일부터 1월 1일까지 책을 읽으면 '2년간 책을 읽은 것'이라고 말도 안 되는 소리를 하면서 시작한 것이 지금까지 계속되고 있는 것이다.

1989년 12월 31일 오후에 나는 학교에 나가 습관대로 책을 읽고 있었다. 그때 브라운 홀에는 나만 있었을 것이다. (당시에 도시 및 지역계획학과는 브라운 홀에 있었다.) 책을 읽고 있는데, 누군가 내게 귓속에 대고 속삭이는 것 같았다. "너의 모든 것이 이미 결정되었으니 아무 걱정하지 말라. 내가 너와 함께하겠다." 나는 순간 이것은 하나님의 말씀이라고 확신하면서 종이를 꺼내 그 말씀들을 적어 내려갔다. 그리고 적은 종이를 책상 서랍에 두고 보물같이 다루었고, 어려울 때, 믿음의 증표로서 종종 꺼내 보며 힘을 얻기도 했었다. 귀국을 준비하면서 그 종이를 잘 보관해야겠다고 어디에 두었는데 찾지 못했다. 잘 보관하겠다는 것이, 결국 감춰놓은 게 되어버린 것이었다. 지금도 그것을 생각하면 아쉽기만 하다.

교회 봉사와 기도의 용사들

....

네 명의 기도의 용사가 있었는데, 모두 유학생의 아내였다.
그들이 집에서 모여 기도할 때면 집이 흔들리는 것 같았다.

구역예배

언급했듯이 콜럼버스 침례교회의 교인들은 대부분이 유학생이었
고 교민들은 극히 적어서 재정적으로는 안정되지 못했었다. 또한
유학생들도 특성상 이동이 많았다. 유학생이 박사학위를 취득하는
데 걸리는 시간은 물론 전공에 따라 차이가 있었지만, 평균적으로
5년 정도였던 것 같았다. 학위 취득 후 유학생들은 귀국을 하거나
다른 곳으로 이동을 했기 때문에 콜럼버스에 남는 사람은 거의
없었다. 이러한 유학생들의 이동 특징으로 인해 우리 교회는 재정뿐
만 아니라, 인적 구성 면에서도 안정되지 못한 상태였다.

높은 교인들의 이동성 때문에 목사님을 보좌하고 교회 내 여러
위원회의 위원장들과 구역장들은 대부분 유학을 온 지 3~4년이

된 사람들이 맡는 경향이 높았다. 그리고 교인이 많지 않아 봉사하는 사람들은 통상 여러 직책을 동시에 맡기도 했었다. 나도 박사 종합시험을 마친 후 1991년부터 약 2년 동안 구역장과 예배위원장 그리고 주일학교 장년반 교사를 맡았었다.

당시 목사님은 구역장의 역할을 중요시했고, 그래서 구역장들은 수요일 저녁 시간에 모여 목사님과 함께 공부해야만 했다. 목사님이 함께하시니 구역장들은 구역예배를 더 알차게 준비할 수 있었으며, 개인적으로는 성경도 체계적으로 공부할 수 있었고, 많은 깨달음도 있었다. 그래서 내게 구역장 모임은 배움의 시간인 동시에 은혜의 시간이었다. 주일학교 교사의 경우는 교회에서 지정한 교재를 혼자 준비해서 인도해야 했으므로 장년반 인도를 위해 개인적으로 많은 준비를 해야만 했다.

난 뭐든지 맡으면 열심히 하는 사람이다. 여기에는 군 생활에서 얻은 책임감이 많이 작동했다고 할 수 있다. 여러 직책에 성실히 하는 내 모습을 보면서 사람들은 나를 믿음 좋은 사람으로 오해(?)하기도 했다. 사람들이 내 봉사 모습에서 성령 충만과 책임감 사이를 구분하기란 조금 어려웠을 것이다. 내 생각에는 아마 책임감이 조금 더 크지 않았을까 싶다. 어떻든지 그때가 나에게는 성경을 가장 많이 읽었고, 기도도 열심히 했을 뿐만 아니라, 그와 아울러 깨달음도 많았던 시간이었다.

한번은 우리 구역에 신실하고 진지한 대학교 후배 부부가 들어왔다. 그들도 나와 같이 미국에 와서 종교를 가졌고, 그로 인해 집안에 어려움이 생겼던 것 같았다. 여자 후배는 시부모님께 자신들이 기독교인이라는 것을 당당히 밝히자고 했지만, 남편은 그럴 경우, 다른 어려움과 압박이 있을 수 있어 당분간 교인이라는 것을 숨기자고 했다. 여자 후배의 시부모는 구체적인 시한을 정해놓고 그들에게 분명한 답을 하라고 요구했던 것이다. 여자 후배의 입장이 워낙 확고했기에 남편의 입장은 매우 난처하였고, 두 사람 간의 관계는 내가 보기에도 아슬아슬했다.

기독교인이라는 것을 입으로 말하든 하지 않든 마음이 더 중요하다고 말할 수도 있을 것이다. 그러나 그 여자 후배는 하나님 앞에서 그리고 사람들 앞에서 정직하길 원했기 때문에 교회에 나가면서 자신은 기독교인이 아니라고 말하는 것이 그만큼 괴로웠던 것이다. 그 여자 후배는 구역예배에서 자신이 겪고 있는 어려움을 위해 기도해 달라고 요청했고, 나는 이들을 위해 모두가 합심해서 기도하자고 제안했다.

함께 기도하는 중에 여자 후배가 갑자기 방언으로 기도하기 시작했다. 그 방언 기도가 어떤 내용인지 알 수는 없었지만, 분명한 것은, 성령이 우리 구역예배에 함께하신다는 것을 모두가 인식할 수 있었다는 점이다. 우리 부부도 함께 기도할 때면, 아내는 종종 방언 기도를 했는데, 아내의 방언 기도가 여성스러웠다면, 그 후배의 방언 기도는 힘이 있고 용사 같았다. 그때 방언 기도의 소리가 사람마다 같지는 않다는 것을 알았다. 그 일이 있던 후로는 우리 구역의 예배는 전보다 더 뜨거워지고 진지해졌다.

그런 일이 있던 후에 마음 한편에는 나도 방언의 은사를 받고 싶다는 바람이 있었고, 이에 대해 목사님께 상담을 하고 싶었다. 그래서 시간을 내어 아침 일찍 새벽예배에 갔다. 당시 우리 교회의 새벽예배는 목사님과 새벽에 온 사람들이 탁자에 둘러앉아 성경 구절에 대해 함께 생각하고, 각자의 일상에 대한 이야기를 나누며 기도하는 시간으로 진행되었다. 새벽예배에 참석하는 사람이 별로 없어 목사님 혼자 계시는 경우도 있었다.

내가 갔을 때는 공교롭게도 새벽예배에 나와 목사님만 있게 되었다. 그때 나는 후배의 방언 기도에 대해 이야기하면서 아내도 후배도 방언의 은사를 받았는데, 구역장인 내가 방언을 하지 못해 조금 부끄럽다고 말씀드렸다. 그랬더니 목사님은 자신도 방언을 받지 못했지만, 문제는 하나도 없다고 하시면서 성경을 가리키셨다. 성경이 바로 하나님의 구체적인 음성이며, 성경 안에 하나님의 모든 응답이 있다고 말씀하시는 것이었다. 목사님 말씀을 들은 후부터 방언에 대한 나의 콤플렉스는 말끔히 사라졌다.

박사 종합시험을 마치고 1990년 가을학기부터 논문에 집중했지만, 논문의 진도는 매우 더디게 진행되고 있었다. 그런 상태가 1991년 봄까지 계속되었으니 나는 심적으로 부담감이 있었고, 그래서 하루하루가 즐겁지 않았다. 앞에서 언급한 김선영 자매와 그의 남편은 우리와 가까운 사이였다. 그의 남편은 나와 학번도 같았고, 김선영 자매도 아내와 연배가 비슷했으며, 그들의 첫째 아들이 우리 딸과 나이가 같아 여러 가지로 공통의 관심사가 있었기 때문이다. 그런 김선영 자매 부부가 1991년 봄 학기가 끝날 무렵 우리 집에 왔었다.

함께 이야기를 나누던 중, 김선영 자매가 갑자기 나를 쳐다보면서 소스라치게 놀라는 것이었다. 그러면서 하늘에서 평행으로 두 개의 줄이 내려오다가 내 얼굴에서 X자로 얽혀 있다고 말하면서, 요즈음 무슨 고민이 있느냐고 물어보는 것이었다. 가슴이 뜨끔하기는 했지만, 구체적으로 말하고 싶지 않아서 그냥 별 고민은 없다고 말하자, 그 자매는 종이에 두 개의 줄이 엉켜 있는 것을 그림으로 그리면서 기도로 풀 수밖에 없다는 것을 강조했다.

그러면서 김선영 자매는 하나님이 나와 더욱 깊은 교제를 원하신다고 하면서 내가 교회에서 봉사하는 정도로는 부족하다고 말하는 것이었다. 월급의 십일조뿐만 아니라 시간의 십일조를 해야 한다는 것을 말하기 위해 우리 집에 왔다고 했다. 그때가 김선영 자매의 남편이 공부를 마칠 무렵이었고, 그들은 보스턴으로 갈 예정이었다. 남편이 하버드대학에서 포스트 닥터로 일하게 되었기 때문이다.

김선영 자매가 그렇게 말하는 것에 대해 나는 별로 즐겁지 않았다. 마치 선생님이 학생에게 훈계하는 것같이 들렸기에 자존심도 조금 상했었다. 그들이 집으로 돌아간 후 가만히 생각해 보니 그 자매의 말이 틀린 것은 아닌 것 같았다. 교회에서 여러모로 봉사하고 있으니 그 정도면 충분한 것이 아닌가 하는 교만한 생각을 했던 것도 사실이었고, 그런 내 마음을 김선영 자매는 정확하게 보았던 것이다. 또한 논문을 쓰면서 하나님께 지혜를 달라고 간구 한 번을 하지 않았던 나를 발견하게 되었다. 나는 그날 이후 성경 일독을 시작하게 되었다.

1991년 8월경에 김선영 자매는 남편을 따라 보스턴으로 떠나면서 내게 기도에 집중할 것을 거듭 당부했었다. 아내는 서로 떨어져 있었지만, 김선영 자매와 이따금 통화를 하고 서로의 기도 제목도 나누는 것 같았다. 김선영 자매와 관련된 일은 그 후 한 번 더 있었다.

기도의 용사들

논문이 꽤 진척되고 있었다. 이대로 무난하게 진행된다면 1992년 봄이나 여름까지는 논문을 완성할 수 있을 것 같았다. 1991년 12월 중순 가을학기를 마무리하고 집에 있는데, 한국에서 예상하지 못한 전화가 걸려 왔다. 전화를 한 사람은 일 년 전 공부를 마치고 귀국해서 홍익대학교 도시공학과에 교수로 재직하고 있는 사람이었다. 그가 공부할 때는 나와 가깝게 지낸 사이였다. 그가 전화한 이유는 교수초빙에 관한 정보를 알려주기 위해서였다.

국내 어느 대학교 도시공학과에서 교수초빙 공고가 있었는데,

분야도 나와 잘 맞을 것 같고, 그 학과의 몇몇 교수들께 나를 추천하니 관심을 보이더라는 것이었다. 그는 시간이 촉박하니 겨울 방학 기간에 서울로 나와 교수들도 만나고 제출서류도 준비하는 것이 좋겠다고 말했다.

4학기제여서 겨울 방학은 3주 정도였다. 그래서 겨울 방학이라고 하지 않고, 크리스마스 브레이크라고 불렀다. 날짜를 계산해 보니 약 2주 정도 서울에 나갈 수 있을 것 같았다. 교수 되는 것이 꿈이던 내게 교수가 될 기회를 알려주니 흥분도 되고 기대도 컸다. 그래서 한국에 나가겠다고 말하고는 다음 날 급하게 항공권도 예약하고, 지도교수와 만나서 추천서도 받았으며, 서울에 있는 교수들과 만날 날짜도 잡았다. 모든 일정이 빛과 같은 속도로 빠르게 진행되었다.

아내는 보스턴에 있는 김선영 자매에게 내가 한국을 잠시 나가게 된 사정을 말하면서 기도를 부탁했다. 김선영 자매는 기도하고 나서 알려주겠다고 했다. 그런데 밤새 기도를 한 다음 날 새벽에 아내에게 전화를 걸어 한국에 가지 말라고 하는 것이었다. 그날은 내가 서울로 떠나기 바로 하루 전날이었다. 김선영 자매의 말은 그 대학이 나를 위해 예비된 대학이 아니라는 것이었고, 그 말을 들은 아내는 태도가 180도로 바뀌어 내가 서울에 나가지 않았으면 하는 눈치였다.

나는 김선영 자매의 말에 화가 났고, 그 말을 전해 듣고 태도를 바꾼 아내에게도 섭섭했다. 이미 항공권을 구매했고, 학교에서 지도

교수님께 추천서도 받았으며, 서울에서의 일정도 결정했기 때문이다. 이런 상황에 나가지 말라는 김선영 자매의 말은 너무 비상식적으로 들렸고, 나에 대한 지나친 간섭 같았다. 나는 아내와 김선영 자매의 말을 전적으로 무시하고는 다음 날 서울로 떠났다. 아내는 밤새 자신의 생각을 정리한 편지를 내 가방에 넣었고, 비행기 안에서 그 편지를 보게 되었다. 그 편지를 읽어 내려가면서 아내가 나를 얼마나 끔찍하게 위하는지를 느낄 수 있었고, 그런 아내를 내게 허락하신 하나님께 감사했다.

서울에 가서 교수들도 만났으며, 서류도 준비해서 제출하고는 미국으로 돌아왔다. 모든 것이 순조롭게 진행되는 것 같았다. 그리고 1월 말에 총장면접을 위해 다시 서울로 나갔었다. 면접을 위해 서울로 갈 때, 나는 김선영 자매의 말이 틀렸기를 얼마나 바랐는지 모른다. 면접장에 가보니 면접 대상자는 3명이었는데, 그중 한 명은 당시 우리나라의 도시계획 분야에서 떠오르는 별과 같은 박사였다. 그를 본 순간 내가 합격을 바라는 것은 터무니없다는 생각이 들었고, 나의 불합격은 불을 보듯 뻔한 일이 되었다.

강의 조교를 맡고 있어 학기 중에 한국에 오는 시간을 내기가 쉽지 않았다. 그래서 토요일에 떠나 일요일 저녁에 한국에 도착했었고, 월요일에 총장면접을 보고, 화요일에 한국을 떠났었다. 미국으로 가는 비행기에 오르니 지난 한 달 동안 내 행동과 생각이 여지없이 드러났고, 거기에서는 믿음이라고는 전혀 찾아볼 수 없었다. 한마디로 나는 보고 싶은 것만 보고, 듣고 싶은 말만 듣는 믿음 없는 사람이었던 것이다. 나를 나가지 말라고 설득하려고 했던 아내와 그 대학은 아니라고 밤새 기도했던 내용을 알려준 김선영 자매에게 너무나도 미안했다. 미국으로 오는 비행기 안에서 난 눈물을 흘리면서 참회의 기도를 드렸다.

우리 구역에 대해 한 가지 더 말하자면 네 명의 기도의 용사가 있었는데, 모두 유학생의 아내였다. 그들의 기도가 얼마나 힘이 있었는지 그들이 집에서 모여 기도할 때면 그 집이 마치 흔들리는 것처럼 느껴질 정도였다. 한번은 우리 집에서 그들이 모여 기도할 때, 집에 들어가게 되었다. 문을 여는 데 집이 진동하는 것 같았다. 무슨 일인가 하여 2층에 올라가서 보니 자매들이 기도하는 중이었다. 그 기도 소리가 너무 커서 집이 온통 흔들리는 것 같았던 것이다.

그들이 2층에서 기도를 한 이유는 (당시에는 아이가 2명이라 우리 부부는 학교 아파트의 타운하우스로 이사했었다.) 거실에서 큰소리로 기도를 하면 옆집에 방해될 것 같아서였다는 것이다. 2층의 욕조가 있는 화장실에서 팬(fan)을 틀어놓고 기도를 하면, 팬 돌아가는 소리가 워낙 커서 그들의 기도 소리를 상쇄할 수 있으리라고 생각했던 것이다. 그러나 팬 소리가 그들의 기도 소리를 상쇄하기에는 어림도 없었기에 급기야 그들은 들판에 나가서 기도를 하기도 했다.

아직도 기억하는 것은 바로 그들이 기도했던 내용이다. 한국에서 교수를 하다가 박사학위를 받기 위해 유학을 온 사람이 있었다. 그는 나와 학번이 같았고, 기본적으로 인품이 훌륭한 사람이었다. 그런데 그 부부에게 자녀가 없었고, 아이를 가지면 유산이 반복되어 그들은 고민이 많았었다. 그 부부를 위해 네 명이 열심히 기도한 후, 기도 중에 받은 메시지를 서로 나누었다. 그런데 그때 아내는 그 자매의 남편이 아이 두 명을 안고 있는 환상을 보았다고 말했다. 그리고 얼마 후 그 자매가 임신해서 모두가 기뻐했는데, 내가 귀국할 즈음에 다시 유산되어서 그 자매는 말할 수 없이 상실하고 말았다.

그런데 내가 콜럼버스를 떠난 후에 그 자매는 건강한 아이를 출산했고, 그 후 두 번째 아이가 태어났다. 그 자매의 남편은 지금 충남대학교에서 실력 있고 학생들로부터 존경받는 오근엽 교수이며, 그는 대전의 한 교회에서 장로로 봉사하고 있다. 그리고 두 자녀도 대학을 졸업하고 사회생활을 잘하고 있다. 이와 같이 나는 유학생 시절 믿음의 용사들을 많이 만났고, 그들을 통해 하나님은 살아계시고 우리의 기도를 기억하시며 하나님의 때에 응답하시고 역사하신다는 것을 확신하게 되었다.

돌이켜 보면, 유학기간 동안 교회에서 믿음이 깊은 사람들과 함께 구역예배를 드리는 것도 좋았고, 목사님과 함께하는 구역장 모임도 좋았다. 그러한 분위기 속에서 성경도 조금씩 이해하게 되었고, 하나님의 존재도 깊이 느껴졌으며, 생활하는 데 있어서 옳고 그름에 대한 기준도 생겼다. 사실 생활하면서 어떤 것이 옳은 선택인가에 대해 혼란스러울 때가 많았는데, 성경은 이에 대해 명확했으며, 선택의 분명한 근거를 제시하고 있다. 그래서 성경에 모든 답이 있다고 말하는 것 같았다.

내가 예수님을 어렵지 않게 영접할 수 있었던 것은 주변의 믿음 좋은 사람들 때문이기도 했지만, 사람들의 간접경험을 중요시하는 내 성격도 한몫했다. 나는 사람들이 경험한 것을 잘 믿는 편이다. 만일 다른 사람들의 경험을 믿지 못하고 자신이 경험한 것만 믿는다면 우리는 어떻게 될까? 결론적으로 말한다면 한정된 시간을 사는 우리 모두에게 발전은 불가능한 것이다. 남들이 했던 만큼 동일하게 시간과 에너지를 써야 하기 때문이다. 이것은 연구뿐만 아니라 모든 분야에 해당하는 것이라 할 수 있다.

하나님에 대해서도 자신의 빈약한 논리로 섣불리 판단하고 규정하는 것은 어리석은 것이다. 과거에도 수많은 사람들이 성경에 대해 치열한 고민을 했을 것이고, 증거를 찾았을 것이다. 그 결과 성경은 진정 하나님의 말씀이고, 그 성경에는 하나님이 살아 계시다는 증거가 무수히 제시되었던 것이다. 나는 아내와 함께했던 구역 식구들 그리고 목사님을 신뢰하고, 그들이 믿었던 하나님을 믿게 된 것이다.

하나님을 일단 믿고 보니 모든 것이 믿어졌다. 믿음은 하나님의 선물이라고 했듯이, 나는 큰 고민과 수고 없이 선물로 믿음을 얻었다. 이런 면에서 보면 나는 참으로 복이 많은 사람이다.

석사논문 지도교수와 박사논문 지도교수

교수 공모에 불합격한 후 나는 졸업을 위해 논문에 더욱 집중하고 자 했다. 그러던 중 1992년 3월에 서울에서 석사논문을 지도했던 여홍구 교수님이 콜럼버스를 방문하셨다. 학부 때는 학생들을 열심 히 지도하셨고, 내가 탄광도시에 대해 논문을 쓸 때도 논문지도를 해주신 교수님은 학교에서 여러 중요 보직을 맡았었고, 우리 분야에 서 가장 큰 학회인 대한국토도시계획학회에서도 영향력이 크신 분이었다.

여홍구 교수님이 콜럼버스에 오신 이유가 궁금했으나, 그것은 나와 관계가 없는 일이라 생각하고, 머무시는 1박 2일 동안 콜럼버스 와 학교 캠퍼스 그리고 학과를 정성껏 안내했다. 학과에 갔을 때, 그는 한결같이 내가 어떻게 공부했는지를 교수님들께 물어보았다. 다행스럽게도(?) 학과 교수님들 모두가 나를 좋은 학생이라고 칭찬 의 말들을 해주었으며, 라벤뉴 교수님은 수학과 어느 교수님이 하신 칭찬까지도 곁들여 전해주셨다.

오하이오주립대학교에는 박사과정 학생을 위한 연구포럼(research forum)이 매년 열렸는데, 나는 경험 삼아 페이퍼 발표를 신청했고, 다행히 선정되어 발표 준비를 하고 있었다. 그때가 1990년 가을이었 다. 그런데 문제가 생각보다 잘 풀리지 않았고, 발표일은 다가오고 있어 다급한 마음에 무작정 수학과의 교수님께 달려갔다. 수학과의 어느 교수님이 되었든지 내 문제를 터놓고 이야기하고 싶었기 때문이다. 참고로 미국 교수들은 미리 약속하지 않으면 거의 만나주지 않는 것이 통상적이었다. (이것은 지금도 마찬가지일 것이다.)

수학과 학생이 아닌 도시계획을 전공하는 학생이 갑자기 찾아와 시간을 내어 달라고 한다면, 교수가 만나주지 않을 확률은 거의 100%라고 할 수 있었다. 나는 문제를 단순화시킨 종이 한 장을 가지고 어느 나이 많으신 교수님 연구실에 무작정 들어가서 90도로 인사하면서 시간을 잠깐 내어 달라고 했다. 그는 나를 잠시 쳐다보더니 들어와 앉으라고 하면서 내 문제를 살펴보았다. 그 교수님이 문제에 접근하는 과정을 보면서 나는 수학이 우주의 비밀을 푸는 열쇠라는 것을 알게 되었다.

그 교수님은 도시계획에서도 문제를 수학적으로 다루냐고 하면서 흥미를 느끼는 것 같았고, 문제에 대한 접근 방향을 알려주었다. 그러면서 내가 문제를 풀면 다시 봐주겠다고도 했다. 난 그 후에도 그 교수님을 몇 번 더 찾아가 만났다. 그 교수님은 열심히 하는 내 모습을 좋게 보신 것 같았고, 그래서 라벤뉴 교수님께 전화를 걸어 나에 대해 칭찬의 말을 아끼지 않았던 것이었다.

여홍구 교수님이 콜럼버스에 오신 이유는 나중에 알았지만 내가 어떻게 공부하는지 확인하기 위해서였다. 한국에 있는 선배들이 나를 추천했을 때, 학부 시절 공부에 불성실했던 내 모습을 기억했던 여홍구 교수님은 나에 대해 반신반의했다. 그래서 교수님은 미국에 출장 가는 길에 내가 어떻게 공부하고 있는지 직접 확인하고 싶었던 것이다. 난 지금도 그때를 생각하면 교수님은 정말 대단하신 분이라고 생각한다. 나는 그렇게까지는 하지 못할 것 같기 때문이다.

1박 2일 동안 콜럼버스 방문을 마치고 떠나실 때, 교수님은 내게 강력한 메시지를 남기셨다. 그것은 내년에 학과 교수를 뽑을 예정인데 나를 강력한 후보로 생각하시겠다는 말씀이었다. 나는 그 말씀을 듣고 기쁘기도 하고, 부담되기도 했다. 어찌했든 더 열심히 해야겠다는 다짐을 더욱 굳혔다.

1992년 5월경, 라벤뉴 교수님은 나를 뉴욕에 있는 유엔개발기구(UNDP)의 연구센터에 추천하기 전에 내 의향을 물어보셨다. 나는 몇 달 전 여홍구 교수님의 말씀이 생각나서 라벤뉴 교수님께 공부를 마치면 한국으로 돌아갈 예정이라고 했다. 그는 한국에 돌아가려는 이유를 물었고, 나는 장남이고, 장남은 부모님을 보살펴드려야 할 책임이 있다고 말했다. 부모님 연세가 70세라고 말씀드리니 아들의 보살핌을 받기에는 너무 젊은 나이라고 하면서, 자신의 아버지는 87세까지 치과의사로 일했다고 했다. 하여튼 그것으로 UNDP 추천은 없던 일이 되고 말았다.

졸업이 가시권에 들어오자 아내는 한국뿐만 아니라 미국에서도 취업 기회를 찾아보자고 했으나, 난 그때마다 미국 내 우리 분야의 취업시장이 별로 좋지 않아 기회가 없다고 잘라 말하곤 했었다. 한국에서 교수가 되고 싶었던 나는, 라벤뉴 교수님이 추천하겠다고 한 것에 대해 아내에게는 말하지 않았다. 만일 말했다면 아내는 미국에 남자고 나를 엄청나게(?) 종용했을 것이기 때문이다. 아내는 시부모와 다른 종교 때문에 한국으로 돌아가는 것에 큰 부담이 있었던 것이다.

1992년 9월경에 이집트의 대학교수가 라벤뉴 교수님의 초청으로 콜럼버스에서 일 년 동안 연구년을 보내기 위해 왔었다. 라벤뉴 교수님은 그 교수의 가족과 우리 가족을 집으로 초대해서 바비큐 파티를 열었다. 그때 교수님은 나를 UNDP 연구센터에 추천하려고 했는데, 내가 사양했다는 사실을 아내에게 말하고 말았다.

그 말을 들은 아내의 얼굴은 매우 당황한 듯 보였고, 크게 상기 되었다. 그리고 집으로 돌아올 때, 자기와 한마디 상의도 없이 중요한 일을 혼자 결정한 내게 큰 불만을 드러냈다. 실망했다는 말까지 했던 것을 보면 아내는 단단히 화가 났던 것 같다. 나는 한국에서 교수가 되는 것이 내 꿈이었고, 미국에 남는 것은, 유학을 올 때부터 전혀 고려하지 않았다고 말하면서 아내에게 이해를 구했다.

돌이켜 보면 석사과정의 지도교수였던 여홍구 교수님과 박사과정의 지도교수였던 라벤뉴 교수님 두 분 모두는 나에겐 동등하게 고마운 분들이다. 논문지도뿐 아니라 졸업 후 제자에게 일할 기회를 주려고 하셨던 분들이었기 때문이다. 두 분을 만난 것도 하나님이 내게 베풀어 주신 만남의 축복이었다.

박사논문 통과와 진로계획

....

믿지 않는 사람에게 예수님을 전할 때는 우리 중심이 아닌,
믿지 않는 사람의 입장을 고려해서 조심스럽게 다가가야 한다.

논문 통과와 어머니의 미국 방문

1992년 8월에 박사학위 최종 심사가 있었고, 나는 무사히 심사를
통과했다. 기쁜 소식을 빨리 부모님께 알리고자 집으로 가는 길에
공중전화에서 국제전화를 드렸다. 논문이 통과되었다고 말씀드리
니 부모님은 크게 기뻐하셨는데, 나는 그만 말을 실수하고 말았다.
그것은 수고했다는 부모님의 말씀에 "모두가 하나님의 은혜입니다."
라고 말했던 것이다.

다음 날, 한국에 있는 누이들로부터 부모님이 매우 서운해하신다
는 말을 전해 들었다. 생각해 보니 부모님의 마음을 이해할 수
있을 것 같았다. 유학경비로 고민할 때, 부모님은 학비 걱정은 하지
말고 공부를 열심히 하라고 격려하셨기 때문에 내가 유학을 어렵지

않게 결심할 수 있었다. 그리고 유학기간에도 부모님으로부터 실질적인 도움을 받았었다. 그러니 공부를 마쳤을 때는 당연히 "모든 것이 부모님의 덕입니다."라고 말했어야 했다.

물론 모든 것이 하나님의 은혜였지만 그것은 잊지 않고 내 마음속에 고이 간직하면 되는 것이지, 믿지 않는 부모님께 그런 말을 해서 분란을 일으킬 필요는 없었던 것이다. 하여튼 내 말을 듣고 오히려 부모님은 아들의 신앙에 대한 경계심이 더 커진 듯했다. 그리고 얼마 되지 않아 어머니는 미국에 오셔서 우리에게 벼락같은 말씀을 하셨다.

어머니는 아들이 교회를 나갔던 것을 묵인했던 것은 미국에서의 생활을 위해 어쩔 수 없는 면이 있으리라고 생각했기 때문이었다고 하셨다. 그러나 더 이상은 안 되며, 한국에 들어와서 우리가 성경을 들고 교회에 간다면, 그때는 어머니가 집을 나가겠다고 하시는 것이었다. 그러면서 그것을 분명하게 전하기 위해 미국에 오신 것이라고 말씀하셨다. 또한 결혼 전 아내와 만나 약속한 것이 있었는데, 그것은 결혼 후에는 교회에 나가지 않겠다고 했다는 것이다. (이것은 사실과 다른 것이고, 아마 소통에 문제가 있었던 것 같았다.) 어머니는 잠깐 미국에 계셨다가 한국으로 가셨다.

미국에 계시는 동안 어머니를 설득하려 했고, 우리 구역 식구들도 어머니의 마음을 돌리기 위해 노력했지만, 어머니의 마음은 확고했다. 어찌했든 사려 깊지 못한 말실수로 인해 문제가 커졌던 것이다.

이로부터 내가 깨달은 것은 우리가 전도를 할 때도 지혜가 필요하다는 것이다. 믿지 않는 사람에게 예수님을 전할 때는 우리 중심이 아닌, 믿지 않는 사람의 입장을 고려해서 조심스럽게 다가가야 한다. 전도의 궁극적인 목적은 사람들이 예수님을 구세주로 영접하는 것이고, 이것이 바로 전도의 본질이다. 따라서 우리가 전도할 때, 말이나 태도 등 비본질적인 요소 때문에 전도의 본질을 흐리는 실수를 하지 않도록 해야 한다.

진로계획: 2개의 대안

논문심사를 통과했지만, 논문을 보완할 시간도 필요했고, 교수 지원을 준비하는 데 있어 여유도 갖고자 나는 졸업을 가을학기로 연기했다. 공부할 때는 공부를 마치면 모든 문제가 해결될 것 같았으나, 막상 공부를 마치고 나니 진로에 대한 현실적인 문제가 다가오는 것이었다.

주변에 유학생들이 공부를 마친 후에 그들의 진로는 천차만별이었다. 귀국하여 교수나 연구원 그리고 민간 기업 등으로 가는 사람이 대부분이었지만, 미국에 남는 사람도 있었으며, 드물게는 유럽이나 다른 나라로 가기도 했다. 그리고 공부를 마치기는 했지만, 마땅히 정해진 곳이 없어 취업에 관한 고민을 하면서 귀국하는 사람들도 있었다.

공부를 마치고 떠나는 유학생들을 보면서 나도 진로에 대한 계획은 세워야 했다. 한국에 계신 지도교수님의 강력한 메시지가 있었다고 해서 100% 확신할 수는 없는 것이었다. 사람들은 교수인사에는 여러 가지 경우의 수가 많아 최종 결과가 나오기까지 확신은 금물이라고 말하기도 했다. 그래서 나는 진로 계획을 수립하되, 결과는 전적으로 하나님께 맡기기로 하고, 두 가지 대안을 만들었다. 대안 1은 교수가 되는 것이고, 대안 2는 학생이 다시 되는 것이었다. 그리고 대안 1이 결정되었을 때는 대안 2는 자동 폐기되는 것으로 간주한다는 것이었다. 그러나 대안 1이 되지 않았을 때는 지체없이 대안 2를 선택하는 것으로 했다.

첫 번째 대안은 당시 교수를 초빙하는 한양대학교와 대구에 있는 K 대학의 도시공학과에 지원하는 데 최선을 다해 준비하는 것이었고, 두 번째 대안은 신학대학원에 입학하는 것이었다. 공부를 하면서 신학이란 학문이 모든 학문 위에 있는 최고 경지의 학문임을 알게 되었고, 영혼을 구원하는 일이야말로 인간으로서 최고의 가치가 있는 것이라고 생각했던 것이다. 그러면서 박사학위를 취득한 사람이 왜 신학대학원에 가는지 이해가 되었다. 내가 신학대학원을 생각할 것이라고는 사실 상상하지도 못한 일이었다.

진로계획을 수립하니 마음이 안정되었다. 그리고 나는 각 대안에 대해 성실하게 준비해 나갔다. 신학대학원에 대한 자료 수집도 시작했다. 자료는 교회 목사님과 우편을 통해 신학대학원으로부터 받았다. 아내는 내가 신학대학원에 가는 것에 대해서는 강력하게 반대했으며, 목사 사모가 될 자신도 없다고 말하기도 했다. 나는 대안 1이 우선이라고 아내를 안심시키기도 했다.

나는 가을학기에도 TA를 하고 있었기 때문에 일정상 12월 10일까지 성적을 마무리하고, 그다음 날인 토요일에 졸업식에 참석하고 일요일에 LA를 통해 귀국하기로 했다. 당시 한국에서 교환교수로 오신 박기조 교수님이 계셨는데, 그는 우리나라 도시계획 분야에서 많은 분으로부터 존경하는 받는 분이었다. (그 교수님은 2001년 6월에 암으로 소천 받으셨다.)

귀국 준비와 학기 마무리로 바쁜 시간을 보내고 있던 어느 날, 박기조 교수님이 내 방으로 오셔서 내가 지원한 대학에 관해서 물어보셨다. 한양대와 K 대학에 지원했다고 하니 귀국하면 자기의 추천서를 가지고 가서 K 대학의 어느 교수를 찾아가라고 말하는 것이었다. 그 교수가 K 대학교 도시공학과에서 의사결정자와 같은 영향력이 있다고 했다. 나는 감사했지만 박 교수님께 사양한다고 정중하게 말씀드렸다. 내가 추천서를 받고 K 대학 교수님을 찾아가게 되면, 그것은 하나님께 결정권을 온전히 드리겠다는 것과 다른 행동이라고 생각했기 때문이었다.

박 기조 교수님은 내가 떠나기 며칠 전에 다시 오셔서 교수인사는 잘 모르는 것이라면서 추천서를 가지고 가라고 거듭 말씀하셨다. 그때는 추천서를 받고 싶은 마음이 굴뚝같았으나, 나는 다시 정중하게 사양했다. 아내에게 그런 일이 있었다고 말했더니, 박 교수님이 그렇게까지 말씀하시는데 사양하는 것은 예의가 아닌 것 같다고 하면서, 또 말씀하시면 그때는 추천서를 받아야 한다고도 했다. 나도 은사님과 같은 박 교수님께 너무 냉정한 모습을 보인 것 같아 마음에 걸렸다. 그래서 다음에 말씀하시면 그때는 추천서를 받겠다고 마음먹었지만, 박 교수님은 내가 떠날 때까지 추천서에 대해 아무런 말씀이 없으셨다.

콜럼버스를 떠나면서

....

누구보다도 나를 잘 아시는 하나님이 어떤 대안으로 인도하시든지
그것은 분명 내게 최선의 길일 것이라 확신했다.

12월 11일 토요일 오전에 졸업식에 참석한 후 오후에 짐을 한국으로 보내고 주일 아침에 콜럼버스를 떠났다. 오전 비행기였기 때문에 새벽예배만 드리고 교회를 떠나야 했다. 정말 정이 많이 들었던 교회였다. 유학기간에 내가 다녔던 길을 선으로 표시한다면 그것은 아마 집과 학교와 교회를 잇는 삼각형으로 나타날 정도였다. 그만큼 교회는 유학기간 내내 나의 생활의 일부였던 것이다.

유학기간을 한마디로 표현한다면 그것은 희망과 꿈을 좇는 기간이었으며, 공부를 하는 데 있어 어려움은 있었지만, 전체적으로는 행복한 시간이었다. 유학의 직접적인 목표가 박사학위 취득이었으니 기본 목표는 달성한 것이라고 하겠으나, 그 과정에서 얻은 무형의 재산은 진정 소중한 것이었다. 여기서 무형의 재산이란 바로 믿음과

교육자로서 그리고 연구자로서의 자세 그리고 유학기간 동안 얻은 추억과 인연 등이라고 할 수 있다. 이런 재산은 인생 전반에 걸쳐 내게 중요한 영향을 끼친 보물과 같은 것이었다.

그리고 유학기간의 대표적인 추억은 바로 부부가 함께 경험한 고생이었다. 장학금이 끊어졌을 때 나는 캠퍼스의 한 건물에서 청소를 하고, 아내는 베이비 시터를 했었다. 어려운 시기를 함께 보냈지만, 이 경험은 결코 잊을 수 없는, 우리 부부만의 소중한 재산이다. 지금도 그때의 생각을 하면 어떤 상황에서도 내 마음은 아내에 대한 미안함과 고마움으로 변하고, 누가 옳고 누가 잘못한 것인지에 대한 문제를 초월하게 되었다.

유학기간 동안에도 하나님이 주신 인복은 변함없이 계속되었고, 귀한 인연으로 이어졌다. 앞에서 여러 번 언급했듯이, 라벤뉴 교수님은 나에겐 결코 잊을 수 없는 분이다. 그는 내게 생각하는 법을 가르쳐주었으며, 교수로서의 열심을 본으로 보여주신 분이다. 특히 그를 생각하면 함께 떠오르는 것은 바로 그의 집이다. 주소는 (00 East Long View Drive, Columbus Ohio 43210)이었다.

2018년 10월에 클리블랜드에서 컨퍼런스가 있었는데, 그곳에서 콜럼버스까지는 자동차로 2시간 거리였다. 나는 그때 오래전에 다른 곳으로 이사한 라벤뉴 교수님께 인사드리러 갔었고, 내가 그 전의 주소를 말하니 그는 자신도 잊었는데 어떻게 그걸 기억하냐고 놀라기도 하셨다. 그 집은 5년 동안 내가 생각하는 법을 배운 곳이고, 추억이 많은 곳이기에 결코 잊을 수 없는 곳이다.

박웅균 목사님도 잊을 수 없는 분이다. 40대의 늦은 나이에 신학을 공부하신 분으로, 그의 설교는 워낙 어려워서 집중하기 힘들었지만 교인 모두는 그를 존경했다. 교인들이 그를 존경했던 이유는 바로 그의 솔직함과 순수함 그리고 사랑의 마음으로 교인들을 섬겼기 때문이었다. 지금은 다른 주로 가셔서 연락이 끊어졌지만, 내가 확신하는 것은 하나님께서 박웅균 목사님을 크게 기뻐하실 것이라는 사실이다.

구역 식구들도 잊을 수 없는 사람들이다. 모두가 공부를 마치고 귀국했을 때, 그때의 분위기가 그리워서 구역을 다시 만들 정도였다. 초기에는 한 달에 한 번씩 모여 성경공부를 했고, 각자의 삶이 분주해지면서 분기에 한 번씩 모였다. 그러다가 일 년에 한 번 정도로 코로나 이전까지 만났다. 지금은 만남을 정해놓지 않았으나 계속 연락은 하는 실정이다. 이외에도 학교에서 만난 귀한 외국인 친구들과의 인연도 있으나, 이에 대해서는 2022년 올리브나무에서 출간한 책 『젊은이여, 몸과 마음의 허리를 곧게 펴라』에 자세하게 서술했으므로 여기서는 생략하도록 한다.

콜럼버스를 떠날 때는 하나님이 내게 허락하신 모든 것에 감사하며 눈물도 많이 흘렸다. 그리고 내 마음은 미래에 대한 불안감 보다는 오히려 기대감으로 가득 차 있었다. 누구보다도 나를 잘 아시는 하나님이 어떤 대안으로 인도하시든지 그것은 분명 내게 최선의 길일 것이라 확신했기 때문이다. 단지 마음 한구석에 무거움이 있었는데, 그것은 부모님과 종교 때문에 겪어야 할 갈등에 대한 우려였다. 그러나 이 부분도 잘 해결될 것이라 믿으며, 보람찬 유학생활을 마치고 한국으로 향하는 비행기에 몸을 실었다.

제4장

가르치고 연구하고 배우고

교수가 된다면 주님께 거저 받은 사랑을 주변에 잘 전달하겠다고 했었는데,
그 마음이 어느덧 작아졌고, 세속적인 일에만 신경을 썼다. 그러면서 나는
하나님께 기본은 하지 않느냐고 하면서 스스로 위안했다. 그러나 이제
와서 돌이켜보니, 하나님은 이런 내게 등을 보이시며 떠나신 적이 없었고,
오히려 내가 하나님을 떠나려 했다는 것이 분명하게 보인다.

대학교수 임용

....

내 일임에도 불구하고 나는 당사자가 아니라 관찰자로서의 역할을 했다.
하나님은 나를 너무도 정확하게 알고 계셨고, 최적의 장소로 인도하셨다.

대안의 결정

1992년 12월 중순 학위를 마치고 귀국하는 비행기에 오르니 지난 5년 동안 있었던 일들이 주마등과 같이 지나갔다. 내게 평생 남을 소중한 재산을 많이 안겨준 유학기간이었다. 유학을 떠날 때, 주변 사람들에게 박사학위 취득하는 데 5년 정도 걸릴 것이라 말했었는데, 정확하게 5년 만에 돌아오게 된 것이다. 역시 말하는 대로 이루어짐을 느끼며, 말한 대로 이루어지는 것이 세상의 이치라면, 나와 내 가족을 위해 긍정적인 말을 해야겠다고 다시 한번 다짐했다.

귀국 다음 날 대통령 선거가 있었고, 김영삼 후보가 대한민국 제14대 대통령으로 당선되었다. 사람들은 문민정부가 탄생했다고 기뻐했고, 사회와 정치에서 많은 변화를 기대했다. 나도 문민정부에 대한 기대와 함께 내 앞에 어떤 일들이 전개될 것인가에 대해 기대도 많았다.

언급했듯이 나는 귀국 전 2개의 대안을 만들었고, 결정권은 하나님께로 미루었었다. 귀국 후, 한 달 이상 지났지만 지원한 한양대학교와 K 대학교에서는 소식이 없었다. 한양대의 경우 학과 선배인 노정현 교수님이 학과장을 맡고 있는데, 학교에 행정적인 문제가 있어 교수인사가 늦어진다고 말해 주었다. 그러나 K 대학교에서는 아무런 소식이 없어 나는 불합격한 것으로 생각했다.

상황이 이렇게 전개되자 대안 2를 위한 마음의 준비를 하고 있었다. 그러나 아내는 왠지 확신이 있는 것 같았으며, 그래서 그런지 마음에는 조급함이 전혀 없었고 내게 계속해서 희망의 말을 해주었다. 이 글을 쓰고 있는 지금도 생각해 보니 결혼 후 지금까지 아내가 밤잠을 설치면서 무엇인가 고뇌한 적이 거의 없었던 것 같다. 고민 없이 늘 희망과 확신 속에서 살아가는 아내가 부러웠다.

1월 하순 어느 날, K 대학교에서 총장면접이 수요일 오후 2시에 있으니 오라는 연락이 왔다. 연락을 받고, 우선은 내게 관심을 보이는 대학이 있다는 사실에 기분이 좋았고 내심 기쁘기도 했다. 박사논문이 통과되었을 당시, 국내 여러 대학교의 도시공학과에서 교수초빙이 있었는데, 그중에 나는 K 대학에 관심을 가졌었다. 그 이유는 그 대학이 기독교 정신을 바탕으로 설립되었다는 사실 때문이었다.

귀국 전 어머니께서 내게 성경을 들고 교회에 간다면 어머니께서 집을 나가시겠다고 한 말씀 때문에 나와 아내는 주일에 조심스럽게 행동했다. 친구들과의 만남이나 처가 방문은 일요일에 하는 것으로 했는데, 그 이유는 주일에 교회에서 예배를 드리기 위해서였다. 그리고 주일에 그런 외출이 없었을 때는 주한 미군의 방송인 AFKN (American Forces Korean Network의 약자로 지금은 AFN Korea로 명칭이 변경되었다.)에서 방송하는 영어 예배를 보면서 예배를 드렸었다. 그런 주일들을 보내면서 나는 K 대학교에 합격한다면, 자유로운 신앙생활을 위해 그 대학으로 가려고 마음먹었던 것이다.

부모님은 말씀하지 않으셨지만, 시간이 흘렀음에도 불구하고 지원한 대학교에서 아무런 소식이 없자, 나를 걱정하시는 것 같았다. 그런 상황에서 K 대학교에서 연락이 왔으니 얼마나 기뻤으랴. 수요일에 대구로 내려가 K 대학교 총장실에서 길지 않은 면접을 어렵지 않게 보고 나왔다. 총장실에서 나오자마자 도시공학과의 어느 교수님이 기다리고 있었고, 그 교수님과 함께 캠퍼스 근처에 있는 찻집에 갔었다.

그의 첫마디는 "우리 학과는 김 선생에 대해 아무것도 모르고 뽑은 겁니다."라는 말이었다. 도시공학과의 모든 교수들이 내가 어떤 사람인지 매우 궁금해한다고 했다. 지금 내가 생각해도 그들의 입장은 충분히 이해할 만했다. 그 학과에 지원한 사람들은 대부분 학과 교수들께 인사도 드리고 자신이 적격자임을 직간접적으로 나타내려고 했을 것이기 때문이다. 그러나 나는 지원 서류만 제출하고 아무런 접촉을 하지 않았으니 말이다. 난 그 말을 듣고서 학과 교수들이 나에 대해 부정적인 생각을 하면 어떻게 하나 하며 걱정이 되기도 했었다.

그 교수님은 K 대학교에서 총장면접은 신임교수가 임용 전 인사를 드리는 것과 다름없다고 하면서, 1학기에 개설된 교과목 중 내가 강의할 수 있는 과목을 선택하라고 했다. 나는 혹시 박기조 교수님이 말씀하신 교수님이 바로 이분이 아닌가 하는 생각도 들었다. 강의할 수 있는 과목 선택에 대해서는 학교에서 공식적으로 합격 통보를 받으면 다시 내려와 정하겠다고 정중하게 말씀드렸다.

내 마음에는 총장면접을 했다고 해서 벌써 교수가 된 것인 양 강의할 과목을 정한다는 것이 내키지 않았다. 그리고 작년에 총장면접을 하고도 불합격한 경험도 생각났기 때문이다. 그러면서 한양대에서도 인사가 진행되고 있는데, 내게 합격 여부를 먼저 확인해주면 한양대에 가서 지원을 철회하겠다고 말했고, 그 교수님은 확인해서 알려주겠다고 했다.

서울에 올라가서 부모님께 총장면접과 학과 교수를 만나 나눈 이야기 등에 대해 말씀드리면서 정확한 것은 내일 알 수 있을 것이라고 했다. 그리고 아내에게는 K 대학교에 합격한 것 같으니 신앙의 자유를 찾아 한양대학교를 포기하고 대구로 내려가자고 말했다.

다음 날 하루종일 전화기 옆에 붙어있다시피 하면서 전화를 기다렸으나, 전화는 오지 않았다. 다음 날인 금요일 오후에 혹시나 하는 마음에 수요일에 만난 교수님께 전화했더니 그는 깜빡했다고 하면서 토요일은 휴무이기 때문에 월요일에 알려주겠다고 하는 것이었다. 그러면서 그는 합격한 것은 분명하니 걱정하지 말라고 거듭 말했다. 한양대에서도 인사가 곧 결정될 것 같아 마음이 급했지만 어쩔 수 없었다.

월요일 아침, 거실에 모든 가족이 앉아 있었지만, 누구도 전화기를 이용하려고 하지 않았다. 내가 목 빠지게 전화를 기다리고 있다는 것을 모두가 잘 알고 있었기 때문이었다. 오전에 전화벨이 울렸다. 나는 K 대학일 것이라고 생각하고 받았는데, 노정현 교수님이 합격 소식을 전하려고 전화한 것이었다. 당시 내 마음은 온통 K 대학교에 있었기 때문에 한양대 교수임용 결과가 그렇게 기쁘게 들리지는 않았었다.

합격 소식을 전해주면 환호성을 지를 것으로 예상했는데, 별 반응 없자 노정현 교수님은 의아해하며, 오히려 내 반응에 당황하는 것 같았다. 수화기를 내려놓으면서 부모님께 한양대에 합격했다고 말씀드리는 순간, 다시 전화벨이 울렸다. 나는 노정현 교수님이 알릴 사항이 있어 다시 전화했을 것이라고 짐작하면서, 수화기를 집어 들었는데, K 대학교 교무처에서 걸려 온 것이었다. 합격 소식과 함께 준비할 서류에 대해서 알려주는 것이었다. 그래서 수화기를 내려놓으면서 K 대학교도 합격했다고 말씀드렸다.

두 대학교 교수임용에 동시에 합격했다는 소식은 우리 가족 모두를 흥분의 도가니로 몰아놓았다. 특히 부모님은 기뻐서 어쩔 줄 몰라 하셨다. 그러면서 어느 대학을 가려고 하느냐고 해서 아무래도 K 대학교에 가는 것이 내가 연구하고 활동하는 데 좋을 것 같다고 말씀드리니, 그런 선택에 대해서는 별 관심이 없으신 것 같았다.

나는 K 대학에 가려고 했지만, 한양대 도시공학과 교수님들께 먼저 이해를 구해야 했다. 사실 많은 지원자들이 있었고, 그중에서 나를 높게 평가해준 학과 교수님들은 대부분 나를 가르치신 은사님들이었기 때문이다. 아무리 개인 사정이 있다고 해도 아무런 말 없이 K 대학교로 갈 수는 없는 것이었다.

특히 은사님 중 여홍구 교수님께 이해를 구하는 것이 걱정이 되었다. 나에 대한 기대가 가장 큰 교수님이었기 때문이다. 임용이 결정되기 전에 지원 철회는 어느 정도 가능했겠지만, 일단 결정된 후에는 여러 측면에서 어려웠다.

한국의 월요일 오전은 미국의 일요일 저녁이다. 미국에 있는 구역 식구들에게 전화를 걸어 결과를 알려주면서 내가 바른 선택을 할 수 있도록 기도를 부탁했다. 그리고 K 대학교 총장님께도 전화를 드려 선택할 시간을 달라고 요청하니 하루를 주겠다고 했다. 다음으로 노정현 교수님께 양해와 지원사격을 부탁하고자 그의 연구실로 찾아갔었다.

노정현 교수님을 만나 사정을 설명하는데, 갑자기 내가 현실로부터 도망치려 한다는 생각이 뇌리를 스치고 지나갔다. 그리고 생각하면 할수록 대구로 내려간다는 것은 분명 도피라는 생각이 들었다. 단적으로, 부부가 서울을 떠나 대구에 가서 편하게 생활하고 부모님의 간섭을 피해 자유롭게 교회를 나가겠다는 것 이외에는 다른 이유가 없는 것 같았다.

그리고 라벤뉴 교수님이 UNDP의 연구센터에 나를 추천하겠다고 할 때도, 나는 나이 많으신 부모님을 보살펴 드리기 위해 귀국해야 한다고 말하면서 그의 제안을 사양했었다. 내가 그때 했던 말과 서울에 기회가 있음에도 불구하고 대구로 가려는 것 사이에는 거리가 있었다. 생각이 여기에 이르자 마음이 괴로웠다.

도피라는 생각에 마음이 무거웠고, 양심의 가책도 느꼈다. 환희의 아침으로 시작해서 혼란스러운 오후를 보내고 있었다. 긴 하루를 보내고 집에 돌아오니 미국에 있는 구역 식구들로부터 연락이 왔고, 그들은 한양대학교로 가라고 했다. 그들의 말을 듣고, 하나님께서 예비한 곳이 한양대라고 믿었으며, 아내도 그렇게 생각하는 것 같았다. 다음 날 K 대학교 총장님께 죄송하다는 말씀을 드렸더니, 그는 내게 선택을 잘했다고 오히려 격려해 주셨다.

이렇게 해서 내가 귀국 전 진로에 대해 세웠던 두 대안 중 최종적으로 대안 1이 결정된 것이다. 결정 과정에서 나는 의도적으로 내 일임에도 불구하고 당사자가 아니라 관찰자로서의 역할을 했다. 하나님은 나를 너무도 정확하게 알고 계셨던 것이다. 영혼들을 구원하는 목사로서 나는 부족함이 많다고 생각하셨던 것은 아닐까? 아무튼 하나님께서는 나를 최적의 장소로 인도하셨다.

두 대학교의 교수임용에 합격했을 때, 나는 부모님께 자랑스러운 아들이요, 아내에게는 믿음직한 남편이요, 그리고 아이들에게는 자랑스러운 아버지가 된 것 같았다. 또한 부모님의 마음도 크게 달라졌음을 느낄 수 있었다. 부모님은 자식의 성공을 기원하고 지켜보는 것이 가장 큰 기쁨이라는 것도 알았다. 그 이후로부터 부모님은 우리가 교회에 나가는 것에 간섭하지 않으셨다. 교수가 되면서 내가 가지고 있었던 문제들이 한 번에 해소된 것 같았다.

박웅균 목사님으로부터 축하 전화와 함께 임무가 전달되었다. 그것은 1993년 여름에 열리는 코스타(Korean STudent All Nation, KOSTA) 집회에 서울대 손봉호 교수님이 참석하시는데, 그 전에 콜럼버스에 오셔서 집회를 인도해 달라고 요청을 하라는 것이었다. 참고로 코스타는 우리나라의 미래를 이끌어갈 기독유학생들을 위한 집회였고, 1986년 미국 워싱턴에서 시작되었으며, 그 후 세계 각국으로 퍼져나갔다.

손봉호 교수님을 찾아가 박웅균 목사님의 요청사항을 전달하면서, 비록 콜럼버스 침례교회는 작은 교회지만 하나님이 사랑하시고 함께하시는 교회임을 강조했다. 손 교수님은 흔쾌히 수락했고, 그해 여름에 콜럼버스에 가서 부흥사경회를 잘 이끄셨다. 그리고 손 교수님은 코스타 집회에 가서 참석하신 분들께 콜럼버스 침례교회에 대해 말씀을 많이 하신 것 같았다. 그래서 그런지 고려대학교 김인수 교수님도 당시 코스타 집회에 연사로 참여했었는데, 귀국하는 길에 콜럼버스 침례교회를 방문해서 말씀을 전해주었다.

내가 유학할 때도 여러 국책연구원의 박사들이 미국에 출장 왔다가 시간을 내어 우리 교회에 방문하여 교인들과 교제하면서 하나님 말씀에 대한 과학적 증거들을 많이 알려주기도 했었다. 특히 창조과학회에서 활동하는 박사들이 여러 번 방문했던 것으로 기억한다. 그만큼 외부에 있는 사람도 우리 교회를 하나님이 사랑하시는 교회로 인식하고 있었으며, 앞 장에서 설명한 바와 같이 교인들의 믿음 또한 깊고 뜨거웠다.

교수생활과 위기 극복

나의 일에 더욱 집중하는 것이 최선의 위기 극복 방법이라고 생각하며,
이번에는 내가 해야 할 교육에 더욱 열심을 내기로 마음먹었다.

학과 교수들

원래 한양대 도시공학과는 두 분야, 도시계획 분야와 환경계획
분야에 각각 1명씩 신임교수를 뽑으려고 했었는데, 최종적으로
3명의 교수를 뽑았다고 노정현 교수님이 알려주었다. 지원자가
많았었는데, 학교에서는 놓치고 싶지 않은 사람들이라 판단하여
3명이 최종 합격했다는 것이다. 인사위원회는 도시공학과 신임교수
를 뽑는 데 진통이 있어서 이틀이나 걸려서 확정했다고 했다.

신설학과의 경우도 신임교수 3명을 한 번에 뽑는 것이 어려운데,
기존학과에서 3명을 뽑는다는 것은 지금 생각해도 거의 불가능한
것이었다. 이것이 가능했던 것은 여홍구 교수님 때문이었다고 해도
과언이 아니다. 당시 기획처장을 맡고 있었던 여홍구 교수님이

인사위원회에서 끈질긴 설득과 주장을 한 결과, 3명의 신임교수를 뽑기로 최종결정했다는 것이다.

총장님께 임용장을 받기 전에 신임교수인 오규식 교수와 최막중 교수를 학과 회의실에서 만났었다. 오규식 교수는 인물이 영화배우같이 준수했으며, 최막중 교수도 범상치 않은 용모였다. 대화를 나누어보니 모두들 학문이 깊다는 것과 체계적인 교육을 잘 받았음을 알 수 있었고, 두 교수 모두 의욕과 자신감이 넘치는 것 같았다. 나는 이들이 우리나라 도시계획 분야의 발전에 크게 공헌하리라는 것을 믿어 의심치 않았다. 최막중 교수는 내 연구실 바로 옆 연구실에서 10년 동안 있다가 2003년 서울대학교로 옮겨갔다.

신임교수들은 각자의 분야에서 열심히 활동했으며, 이런 신임교수들의 열심을 보면서 남들은 3명의 신임교수들 사이에는 보이지 않는 경쟁이 치열했다고 말하기도 했다. 그러나 그 말은 정확하지 않은 것이고, 그런 경쟁이 없지는 않았겠으나, 전체적으로 경쟁보다는 협조적인 분위기가 더 컸었다. 그래서 나는 3명의 신임교수 관계를 협조적 경쟁관계라고 표현하기도 했었다. 치열한 경쟁은 2010년 2월 나와 최막중 교수 사이에 있었는데, 그것은 대한국토도시계획학회의 부회장 선거 때문이었다.

선거에서 최막중 교수가 이겨서 결국 그가 먼저 학회장이 되었고, 그다음으로 내가 회장이 되었다. 그 후에도 나와 최막중 교수와의 관계는 원만하고 협조적이었지만, 그는 아쉽게도 2019년 1월 암으로 세상을 떠났다.

오규식 교수는 대외적인 활동보다는 연구실에서 수준 높은 논문의 발표를 통해 그리고 대형 국책 R/D 과제 수행을 통해 자신의 분야 발전에 공헌했다. 오규식 교수는 기독교인으로서 하나님께 다가가려고 노력하는 사람이었으며, 나와는 성경과 믿음에 대해 그리고 개인적인 어려움이 있을 때마다 대화도 많이 나누었던 사이였다. 그러한 관계는 지금까지도 계속되고 있다.

신임교수뿐만 아니라 학과 교수님들 모두 학문이 깊었으며, 역량이 있으신 분들이었다. 그래서 외부에서는 한양대학교가 우리나라 도시계획의 발전을 선도한다고 말할 정도였다. 원로인 강병기 교수님과 여홍구 교수님은 존재만으로도 학과에 큰 기둥이었으며, 중견교수로 신기철 교수님과 노정현 교수님도 학과의 허리 역할을 잘 감당하셨다. 하여튼 나는 학과 교수님들로부터 실로 많은 것을 배웠다.

박사학위를 받았을 때, 아는 것이 별로 없다는 것에 대해 고민이 많았는데, 주변 교수들을 보면서 도전도 받고, 열심을 내기도 했었다. 이러한 점들을 생각해 보면 내게 미리 준비된 곳이 한양대학교였다는 사실이 자명해졌다. 이런 생각을 할 때마다 김선영 자매, 아니 김선영 목사가 생각난다. 그는 지금도 천국에서 주님의 일을 열정적으로 그리고 주변 사람들에게 더욱 주님께 충성하라고 권면하고 있을 것이라 믿는다.

위기에 주신 말씀

1994년 여름은 다른 해에 비해 유례없이 더웠고, 그 더위에 많은 사람들이 지치고 고통을 받았다. 당시에는 연구실에 에어컨이 없어 학교에 가는 것이 더위와 싸우러 가는 것인지 연구를 위함인지 구분하기 어려울 지경이었다. 개인적으로 1994년 여름은 더위보다 더 고통스럽고 충격적인 일들이 연속적으로 발생해서 내가 교수를 지속하는 것이 과연 의미가 있을까 하는 생각까지 할 정도였다. 첫 번째 충격은 한국학술진흥재단(지금의 한국연구재단)에 신청한 연구과제가 탈락한 것이다.

내 전공은 도시 및 지역계획이고, 세부전공은 지역경제이다. 당시 우리 분야에서는 지역경제에 대한 개념이 불분명했고, 연구도 활발하지 못한 상태였다. 주된 이유는 연구를 위한 지역의 통계 자료가 많지 않았기 때문이다. 내 전공의 경우 지역 내 총생산(gross regional domestic product, GRDP) 자료가 있어야 기본적인 연구가 가능했었다. 그러나 당시에는 시와 군과 같은 소지역 단위는 물론, 광역시와 광역도와 같은 지역조차 그런 자료가 없었다. 그러다 보니 지역에 관한 연구가 활발할 수 없었다. 나는 활발한 지역연구를 위해서는 가장 먼저 GRDP 자료를 만드는 것이 필요하다고 판단했다.

소지역 단위의 GRDP 자료는 내가 직접 조사할 수는 없었지만, 기존의 자료들을 잘 종합하면 연구에 이용할 정도의 자료는 만들 수 있다고 생각했다. 그래서 GRDP 자료와 지역분석의 모형 개발을 위한 연구를 제안했다. 그리고 그런 연구는 분명 우리나라에서 지역정책을 수립하는 데 있어 중요하게 사용될 수 있다고 믿었기에 내 연구 제안은 분명 선정될 것으로 확신했었다. 그리고 나는 연구실에 들어온 대학원생과 함께 그 연구를 하고자 계획했다. 그러나 기대와는 달리 내가 제안한 연구는 선정에서 탈락하고 말았다. 이것이 내가 받은 첫 번째 충격이었다.

두 번째 충격은 한 학기 전에 들어온 대학원생이 연구실을 떠나겠다고 한 것이다. 그 학생은 제안한 연구가 탈락하자 연구비 지원 없이 혼자서 그 방대한 자료를 만드는 것에 큰 부담을 느낀 것 같았다. 자료를 만드는 것이 연구의 시작이고, 지역을 이해하는 첫걸음이라고 말해 주고 싶었지만, 마음이 떠난 학생을 설득하는 것은 부질없다고 생각했다. 그래서 그 학생이 희망하는 연구실로 갈 수 있도록 교수를 찾아가 부탁했고, 결국 그 학생은 그 연구실에 들어갈 수 있었다.

내게 와서 공부하겠다고 한 학생이 한 학기 만에 떠났다는 사실로 인해 받은 마음의 상처는 실로 큰 것이었고, 자존심도 크게 상했으며, 남들에게 부끄럽기까지 했다. 또한 교수의 권위에도 손상을 입었다는 생각을 지울 수가 없었다. 그러는 가운데 내 마음에 또 다른 충격을 가할 일이 다가오고 있었다.

그 충격은 2학기에 내가 개설한 과목이 수강 신청한 대학원생이 없어 폐강된 사실이었다. 직전 학기인 1학기에 내가 개설한 과목을 수강한 대학원생들에게 나는 모두 B 학점을 주었었다. 강의계획서에 제시한 평가기준에 의해 나온 성적을 그대로 준 것이었다. 물론 대학원생들에게 경각심을 주고자 했던 목적도 있었다. 어쨌든 학생들은 보복이나 하듯이, 2학기에 내가 개설한 과목을 아무도 신청하지 않았던 것이다.

1994년 여름에는 확신했던 연구 제안이 선정에서 탈락했고, 연구실에 들어온 학생이 한 학기 만에 떠났으며, 개설한 대학원 과목도 폐강되었다. 특히 학생이 떠난 사실에 대해 나는 마음이 너무 아팠다. 학생들이 내게 배우길 원치 않는다는 생각에 이르자 교수로서의 존재가치가 없어지는 것 같아 자괴감도 들었고, 교수로서의 나 자신이 무너지는 것 같았다. 30년이 흘렀지만 나는 그때가 교수로서 최대의 위기였다고 생각한다.

그렇게 교수가 되고 싶어 했는데, 그런 위기에 처한 내 모습이 처량했다. 그러고 보니, 처량한 모습은 내게 매우 익숙한 모습이기도 했다. 1984년 여름 대우에 입사했을 때도 그리고 유학 초기에도 경험했던 모습이었다. 그리고 그때 했던 방법, 즉 나의 일에 더욱 집중하는 것이 최선의 위기 극복 방법이라고 생각하며, 이번에는 내가 해야 할 교육에 더욱 열심을 내기로 마음먹었다.

우선 폐강된 주당 3시간을 전공 서적을 쓰는 데 이용하기로 했다. 강의하면서 전공과 관련하여 꼭 쓰고 싶었던 책이 있었는데, 폐강으로 인해 생긴 시간을 이용하여 그 책을 쓰기로 한 것이다. 책의 구조를 정하고, 그에 따라 집필을 진행해 나갔다. 그리고 학부생 교육에도 더욱 열심을 내기로 했다. 그렇게 생활하니 나는 마음에 평안을 찾을 수 있었고, 전체적으로 충격에서 벗어나 이전의 상태를 회복할 수 있었다.

충격에서 헤어나지 못하고 있을 때, 하나님께서 내게 주신 말씀이 있었는데, 그것은 바로 하박국 3장 16~19절이었다. 나는 이 말씀을 마음에 새기며 다시 일어설 수 있었다.

[16]내가 들었으므로 내 창자가 흔들렸고, 그 목소리로 인하여 내 입술이 떨렸도다. 무리가 우리를 치러 올라오는 환난 날을 내가 기다리므로 썩이는 것이 내 뼈에 들어왔으며 내 몸은 내 처소에서 떨리는도다. [17]비록 무화과나무가 무성치 못하며, 포도나무에 열매가 없으며, 감람나무에 소출이 없으며, 밭에 먹을 것이 없으며, 우리에 양이 없으며 외양간에 소가 없을지라도 [18]나는 여호와를 인하여 즐거워하며 나의 구원의 하나님으로 말미암아 기뻐하리로다. [19]주 하나님은 나의 힘이시라 나의 발을 사슴과 같이 하사 나를 나의 높은 곳으로 다니게 하시리로다.

대학원 강의는 폐강되었지만, 학부 강의도 많았고, 책도 쓰고 있었으며, 거기다가 대학 본부에서의 일에도 참여하고 있어서 나는 충분히 바쁜 시간을 보내고 있었다. 대학 본부의 일이란 대학종합평가위원회 위원으로 활동하는 것이었다.

한국대학교육협의회가 1995년부터 처음으로 국내 대학들을 종합평가하겠다고 발표했고, 모든 대학은 이에 대해 긴장하여 준비하고 있었다. 평가 결과에 따라 대학의 서열화가 결정될 수 있었기 때문이다. 한양대에서도 1994년 여름부터 자체 대학종합평가위원회를 구성하며 평가에 대비했다. 신임교수임에도 불구하고 내게는 위원회 간사와 교수분과 위원으로서의 역할이 주어졌다.

위원회에 참석해 보니 내가 가장 젊은 교수였고, 할 일도 많았다. 신임교수로서 학과에서의 강의와 기타 행정 일로 할 일도 많았는데, 이 같은 위원회 일도 맡게 되니, 정말 마음과 시간의 여유가 없었다. 여기에 더하여 연구 참여의 요청도 있었다.

대한국토도시계획학회와 국토연구원이 함께 고속전철의 파급효과를 국토 측면과 교통 측면 그리고 지역경제 측면 등으로 구분하여 분석하는 연구가 있었다. 연구책임이 다른 분도 아닌 여홍구 교수님이었기에 나는 연구 참여의 요청을 거절할 수가 없었다. 그때 내 상황은 한마디로 사면초가라고 할 수 있었다. 아내는 내가 직면한 상황 때문에 어려움을 하소연하면 그것은 행복한 고민이라고 하면서 내게 자신감과 힘을 실어주었다. 어떤 환경에서도 항상 긍정적인 생각을 하는 아내는 내게 늘 힘이 되었다.

나는 시간을 효율적으로 사용해야만 했다. 당시에 나는 분당 신도시에 살았는데, 전철을 이용하면 학교까지 1시간 30분이 소요되었다. 그러니까 하루에 3시간의 통근시간을 잘 이용하면 내가 해야 할 일들을 효율적으로 할 수 있을 것 같았다. 그래서 교통수단을

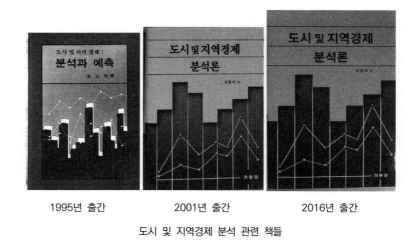

| 1995년 출간 | 2001년 출간 | 2016년 출간 |

도시 및 지역경제 분석 관련 책들

자동차에서 지하철로 바꾸었고, 통근시간 3시간을 책 집필에만 사용하기로 했다. 통근 시간을 이용하니 책의 진도는 빠르게 진행되었다. 사람들이 많아 전철에서의 집중력이 떨어질 것이라 생각했지만, 실질적으로 집중력은 연구실에서보다 더 높았다. (이것이 습관이 되었고, 후에 집필한 책들의 많은 부분이 전철에서 이루어졌다.)

그래서 나는 1995년 2월에 『도시 및 지역경제: 분석과 예측』을 출간할 수 있었다. 당시 출판업체인 기문당의 강해작 사장님께 전화를 걸어 출판을 문의했고, 강 사장님은 내 연구실에 오셔서 책에 대한 설명을 들으시고는 선뜻 출판을 허락해 주었다. 강해작 사장님은 우리나라 출판업계의 발전에 기여한 공로로 정부로부터 문화훈장을 수상하실 정도로 크신 분이었다.

책의 표지 디자인은 내가 직접 하겠다고 했고, 분석과 예측의 이미지와 도시의 이미지를 고려해서 디자인했다. 주변 사람들은 책의 표지 디자인이 시대 감각에 떨어지고, 우스꽝스럽다고 지적하면서 다음에는 필히 바꾸라고 했지만, 나는 그 디자인이 좋았다. 그 책을 기초로 해서 2001년 『도시 및 지역경제 분석론』을 출간하고, 2016년 개정판까지 내었지만, 책의 표지 디자인은 『분석과 예측』의 표지 디자인을 계속 고집했다. 그만큼 나는 그 책에 대한 애정이 컸던 것이다.

이후에도 나는 여러 권의 단독 저서를 출간했다. 그래도 출간된 책 중에서 가장 기억에 많이 남은 책이 『분석과 예측』이다. 그 책을 보면 당시 내가 직면한 어려움을 이기기 위해 하나님께 의지하려 했고, 절실한 마음으로 생활했던 장면들이 고스란히 떠오르기 때문이다.

잊을 수 없는 제자들과 교내 봉사

강의하면서도 학생들로부터 많은 것을 배웠다.
가르치는 것이 바로 배우는 것이라는 말을 몸소 경험했다.

학생들

30년간 대학에서 교육했으니 실로 많은 제자들이 있다. 그들을 여러 장소에서 만날 때가 있는데, 얼굴은 기억하지만 이름이 생각나지 않아 곤란한 경우가 종종 있다. 특히 제자들이 전화나 메일로 인사를 전하는 경우에는 더욱 그렇다. 반면 오랜 시간이 흘렀지만 잊지 못하는 제자들도 있다.

제자들은 연구실 기준과 학교 기준으로 구분할 수 있다. 구체적으로 말해, 내 연구실에 들어와 함께 연구했던 제자들이 있고, 학과에서 강의를 통해 만난 제자들도 있다. 학부의 제자들은 대부분 후자에 속한다고 할 수 있다. 그리고 다른 대학에서 했던 강의를 통해 만난 제자들도 있다.

연구실에서 공부해서 박사학위를 취득한 후, 대학 교수가 된 제자들도 있고 국책 및 지방연구원에서 연구하는 제자들도 있다. 물론 석사학위만 받고 사회에 나가 활동하는 제자들도 있다. 그들이 어디서 어떤 일을 하든지 그들 모두는 내게 소중한 제자들이다. 나는 그들에게 이런 말을 하곤 한다. "나는 교수로서 여러분들에게 최고의 교수는 아니었지만, 여러분들은 내게 최고의 제자들이었다." 훌륭한 제자들이 많았음에 늘 감사하는 마음이고, 그런 제자들과의 만남도 하나님이 내게 주신 복이라고 생각한다.

연구실 출신 제자들 중에서 잊을 수 없는 제자를 꼽으라면 나는 서슴없이 동아대학교의 윤갑식 교수라고 말한다. 개인의 능력과 정서적인 안정성 및 친화력 그리고 신뢰성 등에서 볼 때, 윤 교수는 연구실 출신 제자 가운데 가장 역량이 큰 사람이다. 그래서 나는 윤 교수와 같은 사람은 어느 사회에서나 환영받으며, 다양한 배경과 의견을 가진 사람들이 모인 공동체를 안정적으로 발전시킬 수 있는 지도자가 될 수 있다고 믿는다. 윤갑식 교수가 바로 그런 사람이다.

그는 1995년에 연구실에 들어왔는데, 그때 연구실은 다른 연구실에 비해 진행되는 연구 프로젝트가 많지 않았고, 연구 인프라도 부족했었다. 연구실에 컴퓨터가 고작 2대밖에 없어서 연구생들이 돌아가면서 사용할 정도였다. 물론 초기 단계라 그럴 수 있다고 할 수 있으나, 연구실에서 가장 취약했던 점은 바로 사회에 진출한 졸업생들의 부재였다. 사회에 진출한 졸업생이 없으니 연구실 학생들에게 졸업 후 구체적인 진로를 보여줄 사람이 없었던 것이다. 그러니 연구실에 있는 학생들은 자신들의 미래를 어떻게 준비해야 하는지 정보가 없어 답답함이 있었던 것이다.

많지 않은 대학원생들과 함께하다 보니 나는 그들을 보다 교육을 잘 시킬 수 있었고, 지도의 보람이 컸으며, 발표하는 논문도 많았다. 그래서 나는 연구실 학생들이 가지고 있었던 답답함에 대해서는 전혀 인식하지 못했고, 학생들이 공부를 열심히 하면 자연히 그들의 미래가 밝을 수밖에 없을 것이라는 생각만 하고 있었다. 이런 내 생각과 달리 당시 대학원생이었던 윤갑식 교수는 연구실 생활에 답답함을 크게 느꼈던 것이다.

윤 교수는 그의 답답함에 대해 나와 이야기를 나누고 싶어 했다. 그의 말을 듣고 보니 그 심정을 이해할 수가 있었고, 그래서 나는 그에게 특별한 주문을 했었다. 내가 주문했던 것은 앞으로 우리 연구실에 들어오는 학생들 중에는 그런 답답함을 느낄 학생들이 많을 것인데, 그런 학생들에게 윤 교수가 희망을 줄 수 있는 사람이 될 수 있도록 더욱 공부에 매진해 달라는 것이었다. 윤 교수는 내 말에 힘을 얻는 것 같았다.

그는 면담 후 연구실 생활에 활력을 되찾았다. 그의 낙천적인 사고가 자칫 위험할 수 있었던 연구실 생활을 긍정적으로 바꾸게 한 것이었다. 지도교수는 학생들의 연구 역량을 높이는 것도 중요하지만, 학생들의 내면을 어루만져 위로와 함께 공부에 전력투구할 수 있도록 하는 것도 무시할 수 없는 중요한 역할이라고 믿는다. 중도에 연구실을 나간 사람과 지킨 사람 사이에는 많은 차이가 엄연히 존재하는 것이다.

부분적인 것만 보고, 그것이 전부인 양 섣부른 판단과 손쉽게 행동으로 옮기는 것에 대해 우리는 조심해야 한다. 우리가 생활을 하는 데 있어 절대적으로 필요한 것이 참을성이다. 나는 천성적으로 성격이 급한 사람이다. 참지 못하고 행동할 때가 많아 후회한 적이 한두 번이 아니다.

그런데 주변에 소위 성공적인 삶을 누리는 사람들을 보면 공통점을 발견할 수 있다. 그것은 자신의 마음을 다스리고 참아내는 것이다. 99를 잘하고 마지막 순간 1을 참지 못해 전체를 그르치는 경우를 많이 본다. 아마 나의 경우도 그런 적이 많았을 것이다. 이런 면에서 인내심과 함께 낙천적인 성격을 소유한 윤갑식 교수는 앞으로도 더 많은 발전과 성공을 이룰 것이라 확신한다.

연구실 제자는 아니었지만, 내게 큰 교훈을 준 학생도 있었다. 그때가 1995년 가을로 기억한다. 지하철 2호선의 한양대역에 내리면 나는 출입구 3번을 이용하여 연구실로 갔다. 그것이 연구실로 가는 가장 빠른 길이었기 때문이다. 그 출입구에는 어느 할머니가 자신의 환부를 보이면서 구걸하며 앉아 있었다. 그를 볼 때마다 민망하여 얼마의 돈을 주고 싶었으나, 지나가는 사람이 많다 보니 주려는 마음을 접곤 했었다. 적선을 하는 데도 용기가 필요했던 것이다.

그해 가을에 외부기관에 장학생 한 명을 추천할 기회가 있었다. 장학금에 대한 기억은 없으나 대학원생이 등록금을 납부하는 데 큰 도움이 될 만한 금액이었다. 누구를 추천할까 고민했었는데, 내 머리에 떠오르는 학생이 있었다. 그 학생은 대학원 면접에서 진학 이유를 "하나님께 영광을 돌리기 위해서입니다."라고 씩씩하게 답한 학생이었다. 그 학생의 말을 듣고 학과 교수들은 도시공학과가 아니라 신학대학원에 진학하는 것이 좋을 것 같다고 제안하기도 했다.

나는 그 학생을 추천하기로 마음먹었지만, 그냥 주기보다는 의미 있는 일을 시키고 싶었다. 그래서 그 학생을 불러서 외부 장학생으로 추천할 예정이지만 조건이 있다고 했다. 그것은 지하철 3번 출구에 있는 할머니를 목욕탕에 모시고 가서 목욕을 하시게 하고, 식사 한 끼를 대접하라는 조건이었다. 그 학생은 그렇게 하겠다고 했고, 나는 그 학생의 말을 믿고 추천했다.

그 후 지하철역 3번 출구를 오갈 때마다 그 할머니의 변화된 모습을 기대했지만, 그의 모습은 전과 똑같았다. 그리고 장학금을 받은 그 학생은 나를 피하는 것 같았다. 얼마간의 시간이 지난 다음 그 학생을 불러 물어보았더니 죄송하다는 말만 하는 것이었다. 내 앞에서 하겠다고 해서 나는 그 말을 믿고 장학생으로 추천했던 것이었는데 말이다. 만일 못할 것 같다고 말했으면, 나는 그 일을 할 수 있는 다른 학생을 찾았을 것이다. 약속을 언제 이행할 것이냐고 물었더니, 그 일을 할 자신이 없다는 그의 말을 듣고서 나는 정말 화가 많이 났다. 그것은 분명 나와의 약속 위반이었기 때문이다.

학생에게 야단을 치려는 순간, 내 마음에 교수도 하지 못하는 것을 학생이 어떻게 할 수 있겠는가 하는 생각이 들었다. 그 순간 일을 시킨 내 잘못이 더 크다는 것을 깨달았다. 만일 그러한 조건을 내걸지 않았다면, 그 학생은 내게 미안함이 아닌 감사함을 가졌을 것이다. 괜히 학생에게 죄책감을 준 것 같아 오히려 미안한 생각이 들었다. 내가 할 수 없는 것이면 학생도 당연히 할 수 없는 것이다. 그러니 내가 할 수 없는 것을 학생에게도 시키지 말아야겠다고 결심한 순간이었다.

석사과정을 졸업 후 그 학생은 미국으로 유학을 떠나기 전 인사차 내게 왔다. 유학의 목적이 공부가 아니기 때문에 학교에는 등록만 하고 전도에 전념할 계획이라고 말했다. 그가 간 곳은 미국 오하이오 주에 있는 톨레도(Toledo)였다. 나는 그에게 하나님이 함께하시길 기도했었다. 후에 그 학생이 어떻게 되었을까 궁금하여 인터넷에서 찾아본 적이 여러 번 있었다.

인터넷으로 그가 간 도시에 아무개 목사, 아무개 장로, 아무개 선교사 등으로 검색해 보았는데 결과는 없었다. 내 예상과 달리 그는 미국 대학교에서 교수가 되었다. 선교하면서 공부를 하다 보니 박사학위까지 받게 되었고, 그 후에 교수가 되었던 것이다.

모든 것을 하나님께 영광을 돌리기 위해 한다는 그의 믿음이 변치 않길 바라며, 강의실과 세상에서 용기 있게 전도하여 하나님의 나라 확장에 많은 기여가 있길 기원하는 마음이다.

이 학생처럼 선교를 위해 미국에 갔다가 교수가 된 경우가 있는가 하면, 교수가 되기 위해 유학을 갔다가 선교사의 남편으로 외국인 선교에 전념하는 제자도 있다. 그 제자를 생각하면 안타까움과 대견함 그리고 미안함 등으로 내 감정은 복잡해진다. 그 제자는 1988년에 한양대 도시공학과에 입학했었고, 1996년에 학부를 졸업하고 대학원에 들어온 학생이었다. 대학원에서의 지도교수는 내가 아니라 다른 교수님이었다.

학부 시절 그 제자는 내 강의를 수강했었기에 나는 그가 우수한 학생임을 잘 알고 있었다. 또한 해병대에서 군 복무를 해서 그런지 생활하는 데 있어 절도가 있었고, 교수를 대하는 태도가 마치 해병대 사령관을 대하는 것 같았다. 그는 또한 심성이 고운 학생이기도 했다. 1998년 1월, 그는 박사과정 진학 문제로 고민이 많아 내게 면담을 신청했었다. 그의 말을 들어보니 내 연구실에 들어와 박사를 하고 싶다는 것이었다.

그의 말을 듣고서 나는 박사논문을 쓰는 데에 도움을 줄 수 있으나 지도교수를 바꾸는 것은 안 될 일이라고 단호하게 말했었다. 그의 말을 들을 때, 4년 전 경험했던 아픈 기억이 되살아났고, 만일 그 학생이 지도교수를 바꾼다면 그 지도교수가 겪을 마음의 상처를 생각했던 것이다. 면담을 마치고 나는 그를 좋은 말로 위로하며 돌려보냈는데, 그는 대학원 졸업식 이전에 독일로 유학을 가겠다고 인사를 왔었다. 내가 받아주지 않아서 유학을 떠난 것 같아 마음이 쓰였었다.

그는 베를린 공대에서 공부를 했는데, 많은 시간이 흘렀음에도 졸업 소식이 없어 내심 그를 걱정했었다. 베를린을 방문할 때면 예외 없이 먼저 연락을 취하여 논문에 대해 이야기를 나누었다. 나는 방문연구나 논문발표 또는 학교나 학회의 일 등으로 유독 독일 방문이 많았는데, 그때마다 시간을 내어 그를 만났다. (지금까지 베를린을 12번 방문했었고, 1998년 이후부터 독일에 방문할 때는 거의 그 제자를 만나곤 했다.)

2000년에 이어 2005년에 한국과학재단에서 지원하는 방문연구에 선정되어 베를린에 한 달간 머물면서 연구할 기회가 있었다. 그때도 그와 함께 논문에 대해 이야기를 많이 나누었고, 독일인 지도교수와 만나 그 제자가 우수한 학생이었음을 강조하기도 했었다. 그러나 독일의 대학원 시스템이 한국과 사뭇 달라 그는 학교 적응에 어려움이 있는 것 같았고, 또한 공부에 투입하는 시간도 절대적으로 부족한 것 같았다. 논문에 집중할 시간이 부족했던 것은 생계를 위한 아르바이트 때문이었다. 그래서 그런지 만날 때마다 그의 논문에 별 진척이 없다는 것을 느꼈다.

2010년 여름에 그에게 전화를 걸어 베를린 방문계획을 말하면서 논문의 진도에 대해 물으니, 그는 공부를 포기하고 사업을 구상하고 있다고 했다. 공부를 포기했다는 말에 마음이 아팠다. 꼭 내가 그를 그렇게 만든 것이 아닌가 하는 자책의 마음이 있었기 때문이다.

그 후 그는 선교사와 결혼했고, 지금은 독일에 있는 외국인 노동자들을 대상으로 선교를 하고 있다. 그 제자와 아내를 베를린에서 몇 번 만났었는데, 그들은 외국인 선교에 열심이었으며, 그런 생활에 보람을 갖는 것 같았다. 명절이면 빠짐없이 인사를 전하는 그가 비록 공부를 마치진 못했지만, 하나님은 그에게 선교의 사명을 주시고 풍성한 결실을 얻을 수 있도록 그들과 함께하실 것이라 믿는다.

나는 한양대에 있으면서 다른 대학에서 강의는 거의 하지 않았다. 다른 대학교에 가서 강의할 시간이 기본적으로 없었기 때문이다. 30년 동안 다른 대학에서 강의한 적이 딱 한 번 있었다. 제3장에서 언급했던 유학시절 나와 가깝게 지낸 교수가 어렵게 대학원 강의를 부탁했기 때문에 거절하기가 어려웠다.

강의를 하면서 잊지 못할 일은 학기말 시험에 관한 것이었다. 강의를 수강하는 학생이 기말시험 때 결혼을 해서 시험을 어떻게 하면 좋을지 문의해 왔다. 사실 학기 말에 할 일이 많아 단 한 명의 학생을 위해 기말시험 문제를 새롭게 만들기는 어려웠다. 그렇다고 신혼여행을 다녀와서 시험을 보라고 한다면, 시험문제가 이미 알려져 다른 학생들에게 공평한 것이 아니라고 생각했다.

고민이 되었다.

고민 끝에 나는 신혼여행 중인 그 학생에게 기말 시험지를 호텔 팩스로 보내기로 했다. 아내는 이러는 내게 너무한다고 했으나 다른 학생들을 위해서는 불가피한 조치였다. 마음 한편으로는 시험 때문에 학생의 신혼여행을 망치면 어떡하나 하며 미안한 생각도 많았었다.

그런데 신혼여행을 다녀온 학생은 내 연구실로 찾아와 감사하다고 말하는 것이었다. 미안한 마음이었는데 학생이 의외의 말을 하니 조금은 어리둥절했었다. 감사하는 이유가 뭐냐고 물었더니 그는 밤새 시험을 푸는 자신의 모습을 본 신부가 다음 날 아침부터 자신을 바라보는 눈빛이 이전과 달랐고, 존경한다고 말했다는 것이다. 그러면서 그는 평생 잊지 못할 추억을 만들어 주어 감사하다고 거듭 말하면서 연구실을 떠났다. 나는 마음속으로 그 학생에게 행복한 가정을 기원하며, 신랑에 대한 신부의 마음이 변치 않기를 기원했다.

다양한 교내 봉사

나는 학교에서 보직을 갖고 했던 봉사가 남들보다 많고 다양했다. 30년 학교에 있으면서 보직과 봉사 기간을 보면, 도시공학과장 3년 6개월, 교무처 교무실장 2년, 공과대학 교무부학장 2년, 학생처장 2년 그리고 도시대학원장 겸 부동산융합대학원장 4년, 그리고 국토도시정책개발연구소장 12년 등이다. (여기서 국토도시정책개발연구소장은 다른 직책을 수행하면서 겸직한 것이다.) 어떤 보직이든지 나는 마음을 다해 봉사하다 보니 학교의 시스템과 행정을 더 잘 이해할 수 있었으며, 다양한 경험으로부터 많은 것을 배울 수 있었다. 그런 경험들은 교수 연구실에서는 결코 배울 수 없는 것들이었다.

각 봉사를 할 때, 내가 어떤 마음과 자세로 했었는지에 대해서는 2022년에 출간한 책에서 자세히 설명했다. 생각해 보면, 모든 봉사에서 배우기도 많이 배웠고, 보람도 있었지만 그래도 도시대학원장으로의 봉사가 가장 보람이 컸다고 할 수 있다. 2015년 9월 도시대학원장으로 임명되었을 때, 내게 주어진 특별 임무가 있었는데, 그것은 대학원을 잘 관리하여 발전시키라는 것이 아니라 무리 없이 정리, 즉 대학원을 폐지하라는 것이었다.

당시 도시대학원의 모든 교수가 정교수였고, 대학원 내에 독립적인 행정팀을 가지고 있었다. 그러나 등록한 대학원생들의 수는 정원에 크게 미달하는 수준이었고, 학생과 학생 그리고 교수와 교수 사이에도 어려움이 있었다. 한마디로 고비용구조의 대표적인 조직이면서 구성원들 사이의 문제도 있었던 곳이 바로 도시대학원이었다.

참고로 도시대학원과 도시공학과는 학문 분류상 같은 분야이지만 소속과 성격이 서로 달랐다. 도시공학과는 공과대학에 있으며, 대학원생들은 일반대학원 소속이고, 학위의 명칭도 공학사, 공학석사 및 공학박사이다. 반면 도시대학원은 독립된 조직으로 학위의 명칭도 도시공학 석사와 박사 또는 부동산학 석사와 박사 등으로 전공에 따라 달리 주어진다. 교과과정도 도시공학과는 이론 중심인 반면, 도시대학원은 실무 중심이다. 이와 같이 도시공학과와 도시대학원 사이에는 분명한 차이가 존재하는 것이다.

지금도 그렇지만 당시에도 모든 사립 대학교는 정부의 등록금 동결에 대한 압박으로 재정 상태가 매우 어려웠다. 대학들이 재정적 어려움을 극복하기 위해 일차적으로 했던 것이 고비용구조의 조직들을 통폐합하는 조치들이었다. 내가 임명장을 받을 때도 이사장님과 총장님은 도시대학원의 폐지는 학교 재정을 위해 어쩔 수 없다고 강조했었다.

나는 한양대학교에서 도시대학원을 폐지하는 것이 돈으로 계산할 수 없는 큰 것을 잃는 것으로 여겨졌다. 학생의 정원 미달로 인해 대학원이 고비용구조로 나타났다면, 문제 해결은 학생이 많이 입학할 수 있는 대학원으로 발전시키면 되는 것이었다. 그러한 노력 없이 단순히 고비용구조라는 이유로 도시대학원을 폐지하는 것은 궁극적으로는 한양대학교의 위상을 훼손하는 것이었다.

언급했듯이 한양대 도시공학과가 우리나라의 도시계획 분야의 발전에 있어서 중심에 있다고 외부에서는 모두들 생각하고 있었다.

그리고 도시 관련 최초의 전문대학원인 도시대학원이 1998년 한양대에 설치되었을 때도 모두들 역시 한양대라고 말하면서 당연한 듯이 받아들였다. 이렇듯 도시계획 분야에서 한양대의 위상은 실로 작지 않은 것이었다. 그런데 학생들이 오지 않기 때문에 도시대학원을 폐지한다는 것은 도시계획 전문가로서, 한양대 교수로서 그리고 학교의 위상 측면을 생각해도 안 될 일이었다.

나는 도시대학원 문제의 실체를 파악하기 위해 교수들과 대학원생들과 수없이 회의를 가졌다. 그리고 문제의 핵심이 교육의 질 약화와 장학금 부족에 있다고 진단하고, 이를 해결하기 위해 전력투구했다. 도시대학원의 교육 경쟁력을 향상시키는 것이 문제 해결의 첫걸음이라고 생각했고, 이를 위해 교과과정을 전면 개정했다. 그뿐만 아니라 강사 규정을 만들어 강의에 충실하지 못한 교수 및 강사들에 대해서는 강의하는 데 제한을 두었으며, 외부에서의 장학금 마련을 위해 동분서주했다.

또한 학생들에게 소속감과 자긍심을 높이기 위해 졸업생들에게 동문회를 결성케 했으며, 동문 장학금도 마련하게 했다. 어려운 여건에 있음에도 동문회 결성에 적극적으로 임한 동문회 회장 및 임원들에게 나는 지금도 감사하는 마음이다. 이러한 노력으로 인해 가시적인 성과가 서서히 나타나기 시작했고, 학생들의 등록률도 올라가고 있었다. 외부 기관에서 장학금을 마련했을 때의 기분은 마치 어린아이가 선물을 받고 좋아라 껑충껑충 뛰는 것과 같았다.

한번은 부동산개발협회에서 학기당 2천만 원의 장학금을 도시대학원에 기부하겠다고 약정했을 때, 나는 도시대학원 교수들에게 기쁜 소식을 알려주기 위해 긴급교수회의를 소집했었다. (다만 장학금 기부의 조건은 아쉽게도 내가 도시대학원장을 하는 기간으로 한정되었다.) 기분이 너무 좋은 나머지 나는 강남 역삼동에서 한양대까지 지하철이 아닌 택시를 타고 갔었다. 그때 처음으로 사람이 기분이 좋으면 택시를 탈 수도 있다는 사실을 알았다. 사실 30년 동안 한양대학교에서 근무하면서 강남에서 택시를 타고 학교에 갔던 적이 거의 없기 때문이었다.

대학원 교육이 강화되고, 장학금도 확충되어 전체적으로 대학원 분위기가 달라지니 학생들의 태도 변화가 눈에 띌 정도로 드러났다. 나이 많은 졸업생이 도시대학원을 방문했었는데, 외부 방문객을 대하는 학생과 직원들의 친절한 모습과 대학원 전반에 흐르는 활력 넘치는 분위기 등에 놀라 원장실에 있는 나를 찾아와 도시대학원에 희망이 보인다고 극찬하기도 했다. 그러는 가운데 도시대학원의 분위기는 입소문을 타고 외부로 전달되었고, 대학원에 지원하는 학생들은 지속적으로 증가했다.

2015년 9월 도시대학원장으로 임명되었을 때의 학생 충원율은 58%였는데, 4년이 흐른 2019년 학생 충원율은 100%가 되었다. 이에 더하여 교육부에서 주관하는 2020년 BK 21 four에서 도시대학원이 한양대학교의 인문사회 분야에서 유일하게 연구단으로 선정되는 쾌거를 이루기도 했다. 이는 도시대학원의 교내외적인 위상 강화는 물론, 7년간 학생들에게 제공할 수 있는 장학금이 마련되었다는 의미이기도 했다. 안정적인 장학금 제공을 통해 우수한 학생들을 모집하는 것이 가능해졌고, 이는 도시대학원의 경쟁력 강화로 이어질 수 있는 것이었다. 이러한 변화를 고려하면, 도시대학원은 앞으로도 계속 발전될 것임을 믿어 의심치 않는다.

도시대학원을 생각하면 마음이 흐뭇해진다. 내가 대학원 발전에 조금이라도 힘을 보탠 것 같아서이다. 한마디로 도시대학원의 사례는 원장과 교수들 그리고 학생들이 혼연일체가 되어, 폐지될 위기에 있는 대학원을 안정적인 발전으로 전환한 대표적인 성공사례라고 할 수 있다.

교육과 연구 및 사회봉사

나는 학생들과 있을 때가 좋았다. 그래서 강의도 할 수 있는 시간의 범위에서 최대로 했다. 학생처장을 할 때에도 매 학기에 3~4과목을 강의했을 정도였다. 따라서 교무처에서 학생처장이 이렇게 강의를 많이 하면 언제 일하느냐고 하는 질문을 받기도 했다. 하지만 학교에서 보직을 갖고 봉사하는 동안 나는, 강의의 대부분을 저녁 시간을 할애해서 했다.

낮의 시간을 효율적으로 사용하기 위해 강의를 저녁 시간에 하는 것을 나는 선호했다. 강의를 열심히 하다 보니 학생들의 강의평가가 좋았고, 그것이 누적되어 2013년 한양대학교 저명강의 교수로 선정되기도 했다. (저명강의 교수는 수년 동안의 강의평가 결과를 바탕으로 선정된다.) 선정된 교수들은 한양대 백남학술정보관 (구 중앙도서관) 로비에 설치된 저명강의 교수 패널에 사진과 함께 이름이 올려졌다. 저명강의 교수로 선정되었다는 것이 내게는 영광이었고, 지금까지도 나의 큰 자랑거리이다.

백남학술정보관을 갈 때면, 나는 명예의 전당 앞에 멈춰서 잠시 생각에 잠기곤 한다. 그곳에 있으면 내가 했던 강의들과 학생들의

한양대 백남학술정보관에 설치된 명예의 전당(원 안이 필자 사진)

얼굴들이 스쳐 지나가기 때문이다. 그리고 교육에 열심을 냈던 때의 내 모습을 떠올리기도 한다. 사실, 강의하면서도 난 학생들로부터 많은 것을 배웠다. 가르치는 것이 바로 배우는 것이라는 말을 난 몸소 경험했다. 어떨 때는 학생들의 질문에 답을 찾기 위해 일주일 이상을 끙끙거린 적도 있었으니 말이다. 모두들 나에겐 고마운 사람들이다. 하나님이 주신 만남의 축복에는 분명 훌륭한 학생들이 포함되어 있었다.

30년 동안 교수로 재직하면서 실로 다양한 연구를 했다. 앞에서 언급했듯이, 1994년 국토연구원과 대한국토도시계획학회가 함께 했던 고속전철의 파급효과 연구를 시작으로 해서, 공공 및 민간기관과의 연구 그리고 국책 R/D 과제 등 실로 많은 연구를 수행했다. 수행했던 수많은 연구들이 아직도 기억에 남아 있는데, 그중에서 내게 가장 특별한 의미가 있었던 연구는 1997년 탄광지역에 카지노의 입지를 선정하는 연구였다.

그 연구에서 나는 내용적으로 책임을 맡았었다. 당시 석탄산업합리화사업단(지금의 한국광해관리공단)에서 내 직급이 조교수여서 연구책임을 맡을 수 없다고 해서 행정적으로는 다른 교수님이, 그리고 내용적으로는 내가 연구책임을 맡았었다. 석사논문의 대상지였던 사북읍과 고한읍에 내국인 출입이 가능한 카지노의 위치를 선정하는 연구를 하게 되니 감회가 새로웠고, 남다른 의미도 있었다.

연구를 통해 선정된 카지노가 탄광도시의 건강한 성장을 이루길 희망했지만, 과연 현실이 그런지는 불분명하다. 나는 지금도 주기적으로 사북읍과 고한읍을 방문해서 도시의 변화를 관찰하고 있다. 내가 논문을 쓸 당시와 비교해 보면 물리적으로는 천지가 개벽할 만큼 큰 변화가 있었지만, 그곳에 가면 교통 혼잡과 우후죽순처럼 어지럽게 들어선 건물들 때문에 답답함을 느낀다. 그리고 지역발전을 바라면서 순수한 마음을 지녔던 주민들의 모습은 어디론가 사라진 것만 같고, 일확천금을 노리는 사람들만 있는 것 같아서 마음에 씁쓸함이 느껴지기도 한다.

교수는 교육과 연구 외에도 여러 형태의 교내외 봉사를 할 수 있는 것이 직업적으로도 큰 매력이라 할 수 있다. 여기서 교내외 봉사란 대학교에서 보직을 갖고 봉사하는 것과 전문가로서 공공기관과 관련 학회 및 협회 등 학교 밖에서 하는 봉사를 말한다. 특히 후자의 경우, 봉사는 실로 다양한데, 어떤 것이든 교수들에게는 의미가 크다고 생각한다. 왜냐하면 사회 이슈를 좀 더 깊이 이해할 수 있거나 자신의 전공지식을 성숙시키고 발전시킬 수 있는 계기를 제공하기 때문이다. 또한 자신의 전문지식이 어떻게 사회의 문제 해결에 공헌하는지 경험할 수도 있는 것이다.

나는 운 좋게도 학교 밖에서 다양하게 사회봉사를 할 수 있었다. 공공기관의 심의 및 자문위원회에 많이 참여했으며, 학회와 협회에서도 임원과 회장으로 그리고 연구원에서도 원장으로 봉사를 했다. 어떤 봉사든 정성을 다했고, 그러다 보니 배우는 것도 많았고, 귀한 인연도 많이 맺어졌다. (교외 봉사에서 배운 점에 대해서는 다음 장에서 설명하기로 한다.)

위와 같이 30년간 학교에 있으면서 교육과 연구 그리고 교내외에서의 봉사를 할 수 있어 참으로 행복하고 보람찬 시간을 보냈다. 이런 시간을 가질 수 있었던 것은 내가 열심히 생활했기 때문이라기보다는 하나님께서 나를 그 길로 인도하셨고, 고비 때마다 능력으로 채워주셨기 때문임을 믿어 의심치 않는다.

교수생활 30년 회고

....

교수가 된다면 주님께 거저 받은 사랑을 주변에 잘 전달하겠다고 했었는데,
그 마음이 어느덧 작아졌다. 하지만 하나님은 내게 등을 보이시며 떠나신 적이 없었다.

아쉬웠던 일들

처음 교수에 임용되었을 때, 나의 퇴직일을 생각해 보니 너무 멀리 있는 것 같았고, 그때까지 교수를 한다면 너무 오래 하는 것이 아닌가 하는 생각도 했었다. 그러나 시간은 쏜살같이 빠르게 흘렀다. 되돌아보니 30년은 가르치며 연구하고 봉사하면서, 배움도 많았고, 보람도 컸던 귀한 시간이었다. 아마 공부는 유학시절에 했던 것보다 더 많이 했고, 경험한 것들은 누구나 배울 수 있는 것이 아니었다. 그래서 30년의 기간을 한 단어로 표현한다면, 그것은 전공과 현실 그리고 사회에 대한 배움의 기간이었고, 깨달음의 시간이었으며, 감사의 시간이었다.

그러나 아쉬움도 컸던 시간이기도 했다. 가장 아쉬웠던 것은

가족과 함께 많은 시간을 보내지 못한 것이었다. 아이들은 어릴 때만 부모를 원하지, 일단 성장하고 나면 부모의 간섭으로부터 멀어지려는 경향이 높다. 교수 초기에 있었던 일이다. 분당에 살고 있었는데, 아침에 일찍 나가지 않으면 학교까지 가는 데 교통 혼잡으로 인해 많은 시간이 걸렸다. 학교까지 가는 데 3시간이 소요된 적도 있었다.

한번은 아침 일찍 집을 나서려고 하는데 자동차 열쇠가 보이지 않았고, 아무리 찾아봐도 찾을 수가 없었다. 급한 마음에 아이들에게 열쇠를 어디에 두었느냐고 다그쳤더니, 아들이 그제야 텔레비전 뒤에다 숨겨 놓았다고 하면서 우는 것이 아닌가? 아들은 내가 열쇠를 찾지 못하면 자기와 시간을 같이 보낼 수 있으리라고 생각했던 것이다. 우는 아들을 달래며 다음에는 시간을 함께 보내자고 했던 기억이 난다.

사실 교수 초기에는 강의할 과목도 많았고, 신임교수들에게 부과된 행정 일들도 다양하게 있었다. 신임교수 3명은 대부분 19~20학점씩 강의했었다. 강의 외에도 논문도 써야 했고 연구도 해야 했으니 가정에 신경을 쓸 여유가 없었다. 주일에도 예배를 마치면 학교로 가는 날이 많았다. 아내는 나의 그런 모습에 익숙했으나, 부모님과 형제들은 그런 나를 많이 걱정하기도 했다. 그러나 어떤 경우에도 늘 나를 믿어준 아내가 고마웠다. 딸은 2016년에 결혼했고, 지금은 미국에서 약학을 공부하고 있다. 딸이 결혼한 지 2년 만에 아기를 해산했는데, 그 아이는 내게는 정말 특별했다. 그 이유는 바로 나와 띠도 같고 생일도 같기 때문이었다. 내가 태어난 지 정확하게 60년 만에 손녀가 태어난 것이었다.

딸과 사위가 손녀에게 하는 것을 보면, 그들은 사랑으로 아이를 키우고 있음을 쉽게 알 수 있다. 그런 모습을 볼 때마다 그렇게 하지 못한 내가 생각나 딸과 아들에게 미안한 마음이 순간순간 불현듯 일어나고, 어려운 중에도 사랑으로 최선을 다해 아이들을 키운 아내에게 무한한 감사를 하게 된다. 그리고 자식들에게 사랑을 잘 표현하지 못하고 그저 어려운 아버지였는데도 불구하고 훌륭하게 자란 딸과 아들이 늘 고맙기만 하다.

두 번째로 아쉬운 점은 학생들에게 더 많은 시간을 내지 못한 점이다. 특히 지금 생각나는 것은 학부 학생 몇몇이 나를 찾아와 성경공부를 인도해 달라고 요청한 것을 거절했던 일이다. 내가 거절했던 이유는 도시공학과 학생들을 기독학생과 비기독학생으로 구분하는 것 같아 우선은 조심스러웠고, 시간을 내는 것도 쉽지 않았기 때문이다. 내가 집필한 책을 교재 삼아 강의를 했었기 때문에 학생들은 내가 기독교인임을 모두 알고 있었다. 책의 서문에는 늘 하나님께 감사하는 내용이 있었기 때문이다.

유학시절을 생각했다면 당연히 학생들의 성경공부를 인도했어야 했고, 그들을 위해 기도로 힘을 주어야 했다. 그러나 나는 처음 모임에 참석하여 앞으로 성경공부를 인도하기 어렵다고 말하고 말았다. 당시 모임에는 4~5명의 학생이 참석했던 것으로 기억하는데, 성경공부 인도를 거절하는 내 모습으로 인해 그들은 실망도 많이 했을 것이다.

아무리 바빴어도 시간을 조정하면 학생들과 함께 성경공부를 할 시간은 충분히 낼 수 있었다. 그리고 그 성경공부는 나와 학생들에게 의미가 큰 시간이 되었을 것이다. 몇몇 학생들의 성경공부를 인도한다고 해서 기독학생들을 편애한다고 할 도시공학과 학생들도 없었을 것이다. 하여튼 나는 내 위주로 모든 것을 생각했고, 기독인 교수로서 내 말과 행동에 학생들이 상처를 받을 수도 있다는 것을 미처 생각하지 못했던 것이다. 그 정도로 당시 내 마음에는 여유가 없었던 것이다.

마지막으로 교수생활을 되돌아보면서 아쉬웠던 점은 한양기독인 회에서의 봉사였다. 교수로 임용되었을 때, 한양기독인회가 있다는 것을 알았다. 회원으로 가입하고 보니 매주 월요일과 수요일 정기적인 모임이 있었다. 월요일 이른 아침에는 나이 많으신 교수님들이 모여 성경공부를 했고, 수요일에는 상대적으로 젊은 교수들과 직원들이 점심시간에 찬양예배를 드렸다. 월요일 모임과 수요일 모임 사이에는 약간의 거리가 느껴졌었다. (두 모임은 학교에 교회가 설립되면서 모두 학교교회에 흡수되었다.)

나는 월요일 모임과 수요일 모임 모두에 참석했고, 1996년에는 2년간 총무로 그리고 그 후에는 부회장으로 봉사했으나 의도적으로 회장직을 회피했었다. 솔직한 이유는 매우 이기적인 것으로, 시간과 에너지를 많이 써야 하는 회장으로 한양기독인회에 관여하고 싶지 않았기 때문이다. 당시에는 가정과 교회 그리고 연구실과 대외 활동 등에 사용하는 에너지가 많아 고갈 직전이었고, 집중력에도 한계상황에 이르렀다고 생각해서 어쩔 수 없는 결단이었다. 그만큼 정신적으로 여유 없는 시간을 보내고 있었던 것이다.

다양한 관계형성으로 인한 시간사용의 상반관계(trade-off)

우리는 살아가면서 많은 사람들과 관계를 맺게 된다. 그래서 나의 나됨은 바로 나를 중심으로 형성되는 관계로 인해서 이루어진다고 할 수 있다. 그리고 그 관계에 따라 사람의 행복이 결정된다고 해도 과언이 아닐 것이다. 관계들이 원활하고 좋았다면 그 사람은 잘 살았다고 할 수 있고, 앞으로도 행복한 삶을 영위할 가능성이 높다고 할 수 있다. 그러나 반대로 관계들이 복잡하고 어렵게 얽히고 설켰다면 그 사람의 삶은 어려웠다고 할 수 있겠고, 앞으로도 행복한 삶을 기대하기란 어려울 것이다. 그래서 주변 관계를 보면 그 사람의 과거와 현재 그리고 미래가 보이는 것이다.

앞 장에서 언급했듯이 유학 때 나의 움직임은 학교와 교회 그리고 집을 잇는 삼각형과 같았다. 그리고 그때 내게 형성된 관계는 아내의 남편, 아이들의 아버지, 지도교수의 학생, 그리고 교회에서는 교인과 구역장 정도로 단순했었다. 한마디로 말해, 유학시절의 모든 관계들은 내게 귀한 인연과 함께 기쁨과 배움과 소망을 제공했었다. 물론 공부하는 데 있어 어려움도 있었지만, 그것은 해산의 진통과 같은 것이었다. 그래서 사람들이 내 인생에서 가장 행복한 때가 언제였냐고 물으면, 나는 주저하지 않고 유학시절이었다고 말하곤 했다.

그런데 귀국해 교수가 되어 활동하다 보니 형성되는 관계가 다양하고 복잡해지는 것이었다. 집에서는 남편과 아버지로, 부모님께는 장남으로, 그리고 학생들에게는 교수로 그리고 은사님들께는 제자로, 교수들에게는 동료 교수로, 동문회에서는 선배와 후배로, 연구에서는 연구책임자 또는 참여 연구원으로, 학교에서 보직을 맡았을 때는 처장 또는 원장으로, 그리고 공공기관의 심의 및 자문위원회에서는 위원장 또는 위원으로, 학회에서는 임원으로, 회장으로 그리고 교회의 목장과 여러 위원회에서는 목자와 부장 등으로 관계가 무수히 형성되는 것이었다.

형성된 관계들의 대부분은 가족관계를 제외하면 고정된 것이 아니라 계속적으로 확대되는 관계였다. 학교에서도 학생들이 졸업하고, 그 자리에 신입생들이 들어오면서 새로운 관계가 형성된다. 교회에서도 여러 위원회의 부장을 맡게 되면, 새로운 위원을 만나게 되었고, 목장에서도 최소 2년에 한 번은 멤버들이 바뀌면서 새로운 관계가 형성되었다. 또한 새로운 연구를 맡게 되면 새로운 연구진과 함께 새로운 관계가 형성되었다.

새로이 형성되는 관계는 기존의 관계를 대체하는 것이 아니고, 대부분의 기존 관계는 그대로 유지되기 때문에 결국은 시간이 감에 따라 관계가 무수히 확대되는 것이다. 이것은 내게 멀티 플레이어로서의 역량을 요구했다. 천성적으로 멀티 플레이어로서 능력이 부족한 내가, 여러 일들을 동시에 수행해야 하는 환경에 처하다 보니 집중력이 분산되는 것이 우려되었고, 그나마 있었던 여유도 더욱 없어지는 것 같았다.

시간이 정해져 있으므로 나는 모든 관계에 충실할 수 없었다. 그래서 시간과 에너지를 많이 써야 하는 관계에 대해서는 피할 수 있는 한 과감하게 피했다. 앞에서 언급한 학생들의 성경공부 인도나 한양기독인회의 회장과 같은 역할을 피했던 것이 이에 해당하는 대표적인 예라 할 수 있다.

시간의 제약 속에서 우리가 활동하는 데 있어 상반관계(trade-off)가 존재하게 된다. 여기서 상반관계란 어느 한쪽에 시간을 집중하면 다른 쪽에 사용할 시간은 그만큼 약화되는 관계를 의미한다. 이러한 여건에서 나는 눈에 보이는 관계에 좀 더 집중했었다. 그 결과 하나님과의 관계에 소홀해졌으며, 성경을 읽거나 교회봉사의 시간도 줄였던 것이다. 그러면서 "주님, 이 정도면 하나님께 기본은 하지 않습니까?"라는 말만 되풀이하고 있었다.

유학시절, 단일의 목표가 있었을 때는 간절함을 가지고 목표를 향해 달려갈 수 있었고, 하나님께 그만큼 가까이 다가가려고 했었다.

그러나 활동이 넓어지고, 관계가 복잡, 다양해지면서 하나님과의 관계가 소홀해졌던 것이다. 이때 내가 가장 우려했던 것은 바로 내 안에 있는 성령의 소멸이었다. 'Out of sight, Out of mind.'라는 말이 있다. 눈에서 멀어지면 마음에서도 멀어진다는 뜻이다. 바쁘게 하루하루를 보내면서 혹시 하나님이 나를 떠나시면 어떡하나 하는 불안도 있었다.

내가 하나님께 받은 축복은 이루 말로 표현할 수 없을 정도이다. 오래전 어눌한 내 기도를 들어 기억하시면서, 모든 것이 이미 결정되었으니 아무 걱정하지 말라고까지 하셨던 하나님은 자신의 말씀을 신실하게 지키셨다. 문제는 잊어버리는 데 천재성이 있는 나 자신이었다.

교수가 된다면 주님께 거저 받은 사랑을 주변에 잘 전달하겠다고 했었는데, 그 마음이 어느덧 작아졌고, 세속적인 일에만 신경을 썼던 것이다. 그러면서 나는 하나님께 기본은 하지 않느냐고 하면서 스스로를 위안했던 것이다. 그러나 하나님은 이런 내게 등을 보이시며 떠나신 적이 없었고, 오히려 내가 하나님을 떠나려 했던 것이다. 이런 점을 생각하면 교수생활 30년은 개인적으로는 축복된 시간이었으면서도 하나님께는 죄송한 시간이었고, 가족 그리고 제자들에게는 아쉬움이 많이 남는 시간이었다.

제5장

함께하고 나누고 섬기고

어떤 조직의 대표를 맡았을 때, 그 조직과 자신을 위해 기도가 절실히
필요했는데도 불구하고 난 그렇게 하지 못했다. 모든 능력이 하나님께로부
터 나온다는 것을 누구보다도 잘 알고 있었는데도 말이다. 아마 내 머릿속에
는 교회에서 봉사하는 것만 가지고 이런 마음, 즉 "주님, 그래도 제가
기본은 하지 않습니까?"라는 어리석고 교만한 생각을 가졌었던 것 같다.
그럼에도 불구하고 하나님은 내게 지혜를 주시고 모든 일들을 감당할
힘도 주셨다.

교회에서의 봉사

....

소년소녀가장 후원회에서 봉사하면서 사회인으로, 하나님을 믿는 교인으로,
그리고 도시계획전문가로서 많이 배우고 깨닫는 기회가 되었다.

초기 봉사

유학에서 돌아와 서초동에 있는 사랑의 교회에 등록했고, 내게
베푸신 은혜를 생각하며 좋으신 하나님을 어떻게 전도할까 고민했었
다. 고민 끝에 교회 봉사를 통하는 것과 개인적으로 하는 것으로
구분해 전도하기로 했다. 전자는 소년소녀가장 후원회에 봉사하면
서 전도하는 것이었고, 후자는 소위 말해 자동차 전도였다.

후원회는 강남에 거주하는 소년소녀가장들을 보살피면서 예수
그리스도를 전하기 위해 설치된 교회조직이었다. 봉사자들은 정기
적으로 월 1회 그리고 필요에 따라 수시로 소년소녀가장들의 집을
방문하는 것으로 되어 있었다. 나는 보다 적극적으로 후원회에
참여하고자 행정적인 일에도 자원했다.

후원회는 주일 예배 후 기도모임을 가졌으며, 각자의 경험을 공유하고, 봉사자들의 요청사항들을 종합하여 교회가 처리할 수 있도록 전달했다. 후원회에서 봉사하는 사람들을 만나보니, 모두 믿음의 선배들이었고, 나와는 비교도 되지 않을 정도로 믿음이 깊은 분들이었다. 그들과 교제하면 할수록 나는 온실 속에서 자라난 세상 물정 모르는 순진한 어린애 같았다.

후원회에서 봉사는 유학시절 교회에서의 봉사와는 여러 면에서 달랐다. 유학생이 대부분이었던 콜럼버스 침례교회는 교인들의 처지가 비슷해 한마디로 동질적인 공동체라고 할 수 있었던 반면, 후원회는 상대적으로 이질적인 공동체라고 할 수 있었다. 그만큼 후원회에서 봉사하는 교인들은 출신이나 직업, 생활수준과 여건 등이 다양했다. 또한 콜럼버스 침례교회는 여건상 교회 외부에 신경을 쓸 여지가 없었으나, 후원회에서의 관심 대상은 전적으로 교회 외부, 즉 소년소녀가장들이었다. 하여튼 우리나라에서 교회 봉사의 경험이 전혀 없었던 나는 교회의 분위기가 낯설기는 했으나 기대도 컸다.

후원회는 내게 남자 고등학생 소년가장을 배정했다. 그 집에 가보니 서울시에서 제공한 작은 임대아파트에 3명(소년가장, 할머니 그리고 한 명의 동생)이 어렵게 살고 있었다. 그런 환경 속에서 가장으로 가족을 돌보는 그 학생이 참으로 기특해 보였다. 사실 내가 그 학생을 위해 할 수 있는 것은 교회의 후원금 전달과 인사말

외에는 별로 할 일이 없었다.

그 학생에게 따뜻하고 힘이 되는 말을 하고 싶었으나 특별히 해 줄 수 있는 말을 찾기가 어려웠다. 왜냐하면 그런 어려운 환경에 처한 적이 없었던 나는 그 학생이 얼마나 어려운 생활을 하는지, 그리고 마음은 어떤 상태인지 가늠조차 할 수 없었기 때문이다. 치열하게 살아왔지만 어렵게 살지 않았기 때문에 내가 그의 어려움을 이해하기에는 기본적으로 한계가 있었다. 고등학생 때의 나를 생각하면, 그 학생은 너무나도 대견했다. 그러니 내가 하는 말이 그 학생에게는 한가로운 말과 같이 들릴 수 있고, 혹시 상처가 될 수도 있어 항상 조심스러웠다.

그 학생의 집에 갈 때면 항상 느끼는 것이 있었는데, 그것은 어른이 되어 그에 걸맞게 말과 행동을 한다는 것이 쉬운 일이 아니라는 것이었다. 내가 했던 것은 그의 집을 떠나기 전에 그와 그의 가족을 위해 기도해 주는 것과 가족들에게 예수님을 믿으라고 말해주는 것뿐이었고, 그 이상의 교제는 사실 없었던 것으로 기억한다.

후원회에서 함께 봉사하는 교인들과 이야기를 나누다 보니, 과거 경제적으로 어려웠거나 당시에도 생활이 넉넉지 못한 교인들이 적지 않았다. 어려움을 알았기에 어려운 생활을 하고 있는 소년소녀가장들에게 소망과 힘을 주기 위해 후원회에 봉사하는 것이었다. 아마 그런 교인들이 소년소녀가장들에게 실질적으로 마음에 와닿는 격려나 힘이 되는 말을 많이 해주었을 것이고, 전도의 효과도 크지 않았을까 생각했다.

한번은 후원 대상자 중에 중년의 여성이 포함되어 있었다. 알아보니 교회에서 극빈자인 그 여성을 소년소녀가장 후원회에서 지원하도록 결정했다는 것이었다. 전해 듣기로 그 여성의 남편은 서울에 있는, 이른바 명문 사립 대학교 교수였다고 했다. 그 교수는 가정의 경제를 혼자서 관리했고, 그의 아내는 전적으로 그 교수에게 의존해서 살았던 것이다. 그런데 뜻밖의 사고로 그 교수가 사망했는데, 나중에 알고 보니 그 교수는 가정을 위해 경제적으로 예비한 것이 거의 없는 상태였다.

장례를 치르고 나서 가정에 수입이 없자 그 가정은 생계를 걱정해야 할 정도로 극빈자가 되었다. 가장의 죽음으로 인해 가정이 갑자기 극빈 가정으로 전락했던 것이다. 그런 사정을 교인 한 분이 알게 되어서 교회에 지원을 요청했고, 교회는 소년소녀가장 후원회가 그 가정을 지원하도록 정했던 것이다. 당시 교회의 조직에는 극빈자 가정을 지원할 별도의 조직이 없었다. 이를 계기로 소년소녀가장 후원회의 명칭은 공모를 통해 작은사랑선교회로 변경되었으며, 후원의 대상 범위도 극빈자를 포함하게 되었다. 나는 이 경우를 보면서 가장의 기본역할에 대해 깊이 생각하게 되었다.

가장의 기본역할이란 가족 모두를 안전하게 보호할 의무와 책임이지 않을까. 여기서 말하는 안전에는 가족의 안전한 경제적 생활 유지도 포함되어 있는 것이다. 나는 가장이 없는 경우에도 가장만 바라보고 생활했던 가족들이 경제적으로 어려움을 겪지 않도록 대비해야 한다고 생각했다. 생각이 여기에 이르자, 나는 곧바로 보험을 알아보았고 보장 보험에 가입했다. 그리고 주변 사람들에게도 가족의 안전에 대비해야 함을 강조했다.

소년소녀가장 후원회에서 봉사하면서 세상에는 어려운 여건에도 불구하고 열심히 살아가는 사람들이 많다는 사실과 그들을 기꺼이 도우려는 사람들도 많다는 것을 알게 되었다. 이와 함께 도시계획 전문가의 역할에 대해서도 느끼는 점이 많았다. 왜냐하면 소년소녀가장들과 같이 생활이 어려운 사람들의 대부분이 도시에 거주하고 있기 때문이다.

도시계획은 학문의 특성상 집단성에 기초한다. 도시민 전체가 갖는 가치와 의견을 바탕으로 도시계획의 목적과 방향 그리고 수단이 결정된다. 이러한 도시계획의 결정 과정에는 대(大)를 위해 소(小)가 희생해야 하는 공리주의적인 사고와 공동체주의의 개념이 포함되어 있다. 그러나 도시계획가들은 전체를 위해 소(小)에 해당하는 약자들에게 무조건적인 희생만 요구하지 않는다. 왜냐하면 그들도 행복추구권이 있다고 생각하기 때문이다.

나라가 성장할수록 계획가들이 더욱 관심을 가져야 할 것은 사회적 약자에 대한 배려이다. 나는 소년소녀가장 후원회에서 봉사하면서 사람에 대해 생각을 많이 하게 되었다. 종합하면 소년소녀가장 후원회에서 봉사하면서 사회인으로, 하나님을 믿는 교인으로 그리고 도시계획전문가로서 많이 배우고 깨닫는 기회가 되었다.

앞에서 언급한 자동차 전도는 용기 있게 세상에 나가 외칠 자신이 없었던 내가 찾아낸 소심한 전도 방법이기도 했다. 교수 초기 2년 동안 나는 분당 신도시에 거주했는데, 당시에는 서울과 분당을 잇는 대중교통수단이 충분하지 않았고, 그래서 버스를 이용해서 서울로 출퇴근하려는 사람들에게는 불편한 점이 많았다. 퇴근 시간 대에는 양재역 사거리 부근에 있는 정류장에서 분당으로 가는 버스를 기다리는 사람들의 행렬이 늘 길게 늘어서 있었다.

분당으로 가는 버스를 기다리는 사람이 많다는 점에 착안하여 나는 자동차 전도를 생각했었다. **"자동차 함께 타기 운동: 분당 갑니다."**라고 쓴 작은 팻말을 자동차 유리창에 붙여놓고 분당으로 갈 사람들을 태웠다. 3~4명이 타면 유명 목사님의 설교 카세트테이프를 틀고 가면서 함께 들었다. 그 설교를 통해 하나님을 사람들에게 전하고 싶었고, 그들이 예수님께 관심을 보이기를 기대하며 각자의 집 앞까지 태워다 주었다.

당시 분당까지 연결도로가 다양하지 않았고, 상태도 양호하지 못해 양재에서 분당에 있는 아파트 단지까지의 소요 시간을 정확히 기억할 수는 없으나, 목사님의 설교를 다 들을 수 있을 정도의 시간이었다. 자동차 전도가 계속되면서 어떤 사람은 전에 들었던 설교라고 하면서 다른 설교는 없느냐고 해서 몇 개의 테이프를 더 준비하기도 했다.

자동차 전도를 일 년 이상 하다가 여러 이유로 1994년 가을에 그만두게 되었다. 주된 이유는 앞 장에서 언급했듯이 그해 여름 시작한 책 집필과 연구 참여 그리고 대학종합평가준비위원회 간사의 역할 등으로 경황이 없었기 때문이다. 그런 여건에서 나는 시간을 효율적으로 사용해야 했고, 이를 위해 출퇴근을 지하철로 전환해야 했다. 그리고 1994년 여름에 수서역에서 분당까지 지하철이 개통되었고, 버스노선도 다양화되어 버스를 기다리는 긴 줄도 줄어들게 되었다. 하여튼 그런 여건 변화로 인해 나는 자동차 전도를 계속할 수 없었다.

자동차 전도의 결과를 생각해 볼 때가 가끔 있다. 과연 자동차 전도에 결실이 얼마나 있었을까 하는 질문에 회의적일 때도 있다. 그럴 때마다 나는 결실에 대해서는 하나님만 아실 것이고, 내가 관여할 바가 아니라고 생각했다. 나에게는 단지 말씀을 전달하는 중계자로서 역할이 있을 뿐이라고 믿었기 때문이다.

1995년 봄에 이사하면서 교회를 바꾸게 되었다. 아내가 평소 존경하던 목사님이 미국에서 귀국해서 설립한 교회로 나가게 되었기 때문이다. 아내는 당시 수지에 있는 그 교회에 가서 그 목사님의 설교를 듣고 싶어 했다. 그래서 얼마 동안 주일 오전에는 가족 모두가 수지에 있는 교회에 가서 예배를 드리고, 나는 오후에 서초동 사랑의 교회에 가서 후원회 봉사를 했다.

하지만 그런 생활은 계속될 수 없었고, 바람직하지도 않았다.

그래서 나는 그 문제를 해결하고자 교회 선택에 대한 원칙을 아내와 함께 세웠다. 그 원칙은 집에서 가까운 교회에 가는 것이었다. 그런 원칙에 따라 분당에 살 때는 수지에 있는 교회로, 과천으로 옮겼을 때는 남서울은혜교회로, 그리고 1997년 초 강동에 있는 학교 교수 아파트에 입주했을 때는 남서울은혜교회로 옮겼으며, 지금까지 그 교회에 나가고 있다. 어찌했든 유학에서 돌아와 내가 했던 소년소녀가장 후원회에서의 봉사와 자동차 전도는 기억 속에만 남아 있게 되었다.

교회 내 여러 봉사

남서울은혜교회에서는 주차위원부터 군전도위원, 새신자반 양육교사, 연해주위원, 기획위원 등 여러 위원회에서 봉사했으며, 2011년부터 2022년 초까지 목장의 목자로서 목원들을 섬겼다. 내가 했던 봉사 중 내게 가장 적합했던 것은 바로 주차 봉사였다. 약 6년간 했는데, 교인들 사이에서는 주차 봉사가 3-D(Difficult, Dirty, Dangerous)라고 말할 정도로 힘든 봉사로 인식되었다. 하지만 내게는 이상하게 그 봉사가 가장 쉬웠다. 그렇게 생각한 이유는 봉사하는 데 있어 고민이 없었기 때문이다.

주차 봉사로 인해 주차의 어려움을 겪는 사람을 보면 조건반사적으로 도움을 주려고 했다. 예를 들면, 한양대 공과대학 앞에는 주차장이 있었는데, 교직원들과 방문하는 사람들이 많아 주차장은 늘 혼잡했다. 그래서 주차하는 데 어려움을 겪는 사람들을 볼 때가 적지 않았다. 나는 그런 사람을 볼 때면 나도 모르게 나서서 도우려 했었다. 도움을 받은 사람들은 내가 교수인지 아니면 주차요원인지 몰라 의아해하기도 했다. (지금은 대운동장 지하에 대형 주차장이 마련되어 공대 앞 주차장은 폐쇄되었다.)

주차 봉사는 2002년 초 연구년을 떠날 때까지 했다. 2003년 귀국해서 군 전도위원회에서도 봉사했으나 특별히 기억에 남은 것은 없다. 제1장의 내용을 보면 교회에서 가장 내게 맞는 봉사가 군 전도위원회가 아닐까 생각할 수도 있으나 사실은 그렇지 않았다. 처음 시작은 우연한 기회에 군 전도에 갔었는데, 강당에 모인 훈련병들의 땀 냄새 때문에 군 전도위원회에서의 봉사를 지원했었다. 훈련병들이 모인 강당에 들어가는 순간 숨이 막힐 것 같은 훈련병들의 땀 냄새는 내 기억 속 깊이 있었던 군 생활의 모든 기억을 끄집어냈다. 봉사하면서 나는 훈련병 전체를 대상으로 전도 폭발을 하기도 했었다.

시간이 지나면서 내가 인식하지 못한 것이 있는데, 그것은 더운 여름날에 가도 훈련병들의 땀 냄새가 나지 않는 것이었다. 강당에 설치된 대형 에어컨 때문이었다. 그리고 군 전도를 갈 때는 훈련병들에게 2개의 초코파이와 우유를 제공했는데, 시간이 지나면서 그들이 원하지 않는다는 것을 느끼게 되었다. 나중에 알았는데 그들이 원하는 것은 초코파이와 우유가 아니라 햄버거와 콜라라는 것을 알고는 준비물을 바꾸기도 했었다.

설치된 에어컨과 가져가는 햄버거와 콜라를 보면서 군대가 여러모로 변했음을 알 수 있었다. 아마 지금 군인들의 생활환경은 내가 군 복무할 때와는 비교 자체가 어려울 것이다. 그만큼 우리 사회의 환경과 사람들의 선호도가 많이 바뀌었음을 느끼는 순간이었다. 군 전도위원회에서 봉사 후 새 신자반 양육교사로 봉사했다. 이 봉사는 내겐 보람도 있었고, 기쁨도 컸다. 새롭게 교회를 찾은 사람들에게 사랑의 하나님을 내 경험과 함께 전할 수 있었고, 그들 중에는 믿음이 자라나서 예수 그리스도를 구세주로 영접하고 세례를 받은 사람들도 적지 않았다.

많은 새 신자들을 만났는데, 그중 가장 기억에 남는 부부가 있다. 나는 그들을 처음 만난 날을 잊을 수 없다. 내게 배정된 방으로 한 부부가 들어오는데, 내 가슴이 왠지 모를 슬픔으로 먹먹해지는 것이었다. 먹구름이 소나기를 가져오듯 그 부부는 큰 슬픔을 가지고 방에 들어온 것이다. 나는 그냥 슬퍼 울고 싶은 그런 심정이었다. 알고 보니 그들에겐 슬픈 사연이 있었다.

그들에게 아들 한 명이 있었는데, 애지중지하면서 키운 그 아들이 군 복무 중 제대를 며칠 남기지 않고 사망했던 것이다. 그 부부는 제대하는 날에 맞춰 아들의 방을 새롭게 도배하며 꾸미고 있다가 청천벽력 같은 사망 소식을 들었다. 그들이 받은 충격과 슬픔이란 이루 말로 표현하지 못할 것이었고, 희망을 잃고 망연자실의 상태로 지냈던 그들에게 주변 사람들이 교회에 나갈 것을 권유했던 것이다.

그들과 함께했던 5주간의 기간 내내 난 그들이 큰 슬픔에 잠겨 있음을 마음으로 느낄 수 있었다. 그들에게 여기서의 삶은 잠깐이고 천국에 가면 사랑하는 아들과 영원히 함께할 수 있다고 말했으나, 그들의 슬픔은 쉽게 지워지지 않는 것 같았다. 지금도 그 부부가 예수 그리스도 안에서 위로와 평안을 누리길 기원하는 마음이다.

새 신자 교육을 받던 어떤 사람이 내게 하나님을 믿으면서 죽음에 관한 생각이 어떻게 달라졌느냐고 물어온 적이 있었다. 그때 나는 그에게 예수님을 믿기 전과 영접한 후에 죽음에 관한 생각이 달라졌다는 것을 인식하는 계기에 관한 이야기를 들려주었다.

제3장에서 언급했듯이 나는 1988년 5월 하순에 허파에 물이 차서 병원에 입원한 적이 있었다. 병원에 입원하기 하루 전날 도서관에서 주차장으로 갈 때, 호흡 곤란으로 인해 이러다 죽을 수 있겠다고 느낀 적이 있었다. 그때의 내 심정은 두려움과 함께 억울함으로 가득 찼다. 그러나 예수 그리스도를 영접한 후, 죽음에 관한 생각에 변화가 있었는데, 사실 이런 변화에 대해서는 나 자신도 인식하지 못했었다.

2004년 2월에 인도에 출장 갔을 때의 일이다. 2003년 가을에 나는 행정수도에 관한 연구에 참여하고 있었다. 노무현 대통령이 후보 시절 선거 공약으로 내건 행정수도 건설은 도시계획가들 사이에도 찬반 논란을 크게 일으켰고, 이와 관련된 많은 연구가 광범위하게 진행되었었다. 나와 교수 몇 명이 행정수도의 파급효과에 관한 연구에 참여하게 되었다.

연구팀은 해외 사례를 보기 위해 말레이시아에서 행정수도로 기능하는 푸트라자야(Putrajaya)와 인도의 행정수도 뉴델리(New Delhi) 그리고 인도의 행정계획도시인 찬디가르(Chandigarh)로 출장을 갔다. 출장 인원은 교수 7명과 해외도시 전문여행사 사장을 포함하여 총 8명이었다. 특히 연구진은 뉴델리에서 약 260km 떨어진 곳에 있는 찬디가르 계획도시에 대한 기대가 컸다. 왜냐하면 찬디가르는 세계적인 건축가이자 도시설계가인 르 꼬르뷔지(Le Corbusier)가 계획한 행정도시로 도시계획 측면과 디자인 측면에서 가치가 큰 도시였기 때문이다.

뉴델리에서 일정을 마치고 저녁에 찬디가르로 가는 기차를 탔는데, 군인들이 올라와 승객들을 살피고 개인의 짐들을 점검하는 등 사뭇 긴장감이 높은 분위기가 조장되었다. 군인들은 객실 선반에 있는 개인의 짐들에 노란색의 표지를 붙였는데, 아마 운행 도중에 수상한 짐을 구분하려는 의도 같았다. 기차가 한참 동안 달리고 있었는데, 갑자기 가스통이 터지는 듯한 큰 굉음이 났다. 모두들 그 소리가 무슨 소리인지 그리고 어디서 났는지 알고자 하여 어수선해지게 되었는데, 갑자기 누군가 내 옆에 있는 창문이 크게 파열된 자국이 생긴 것을 지적했다.

그 자국을 보면서 어떤 이는 누군가 달리는 기차를 향해 돌을 던진 것이라고 했고, 다른 이들은 총격에 의한 것이라고도 했다. 난 군 복무 시절의 사격을 생각하며, 옆에 앉았던 여행사 사장에게 그것은 분명 총격에 의한 것이라고 말해 주었다. 단지 총알이 약해서 유리 창문을 뚫지 못했을 뿐이었다. (참고로 당시에 인도에서는 외국인들이 기차를 예약할 때는 무조건 일등석을 타게 되어 있었다.)

문제는 총알 자국의 위치였다. 파열된 유리창의 총알 자국은 바로 내 머리 옆이었다. 만일 총알이 창문을 뚫었다면 창측에 앉았던 내 머리를 정확하게 뚫고 지나갈 수 있었던 위치였다. 차장이 와서 보더니 커튼을 치면서 쳐다보지 말라고 우리에게 주의를 주었다.

얼마의 시간이 지난 후 차장은 열차에 있던 장교를 데리고 왔고, 그 장교는 창에 난 파편 자국을 보면서 보고서를 작성하고 있었다. 나는 그에게 그 자국난 것이 총격(gun shot)에 의한 것이냐고 물었더니 그렇다고 하는 것이었다. 그 장교는 달리는 기차를 향해 무작정 총을 쏘는 사람들이 간혹 있다고 했다. 그러고 보니 인도에는 총을 소유하는 데 규제가 강력하지 않은 것 같았다. 인도 사람에게 물어보니 총에 대한 규제는 강하다고 했지만, 분위기는 그렇게 안전하다는 느낌을 받지 못했다. 찬디가르에 도착했을 때도 호텔 외부에서 총소리 같은 굉음 때문에 출장 간 교수 모두가 밤에 나가지 못한 채 불안해했다.

나는 장교의 말을 듣자 가방에서 사진기를 꺼내 주위에 있는 교수에게 사진을 찍어 달라고 부탁했다. 그런데 내 옆에 앉아 있던 사장은 출장을 떠나기 전에 꿈자리가 사나웠다고 말하는 등, 매우 초초하고 불안한 모습을 보이면서 몸이 아플 것 같다는 말을 계속했다. 그러면서 그는 이런 상황에서 어떻게 그처럼 태연하게 사진 촬영을 요구할 수 있느냐고 하면서 내 행동에 놀라워했다. 나는 오히려 그의 말을 듣고 스스로 놀라지 않을 수 없었다. 실제로 내 마음에는 전혀 동요가 없었고 그의 말대로 태연했기 때문이다.

당시 주변에 있던 어느 교수는 총알이 창문을 뚫지 못한 것은 창문이 두꺼워서가 아니라 김홍배 교수가 있었기 때문이라고 말하기도 했다. 나는 분명 하나님이 그때도 나를 보호하셨다고 믿는다. 하지만 유학생 시절 죽음에 관한 생각과 찬디가르에서의 죽음에 관한 생각 사이에는 큰 차이가 있었다. 무엇이 내 생각을 바꾸어 놓았을까? 아마 그것은 죽어도 천국에 갈 것이라는 확신이 생겼기 때문이 아닐까 생각해 본다.

교회 내에서 여러 위원회에서 봉사했으나 글에 남길 정도의 특별한 기억은 없다. 남서울은혜교회는 구역을 목장으로 그리고 구역장을 목자로 부른다. 아마 구역과 구역장이란 명칭이 친근하지 못하고 너무 조직 관리적 측면이 강한 용어이기 때문일 것이다. 나는 목장에서 교인들과 허심탄회한 인간적인 교제를 많이 나누었다. 2022년까지 목자로 봉사하고, 대전으로 가게 되면서 목장에서 잠시 떠났었다. 그러다가 2024년 5월 서울로 돌아와 전에 함께했던 목장 식구들과 교제를 이어가고는 있지만, 모두가 다른 목장에 편성되어 있어 예전과 같은 교제를 나누기는 어려웠다.

교인들 사이에 실질적인 교제는 소모임인 목장에서 이루어지는 것 같았다. 지난 12년간 목자로 봉사한 것을 생각해 보니 인생 선배들과 후배들로부터 많이 배웠고, 귀한 교제도 있었다. 그러한 봉사의 기회에 감사하는 마음이다. 이제는 나이에 따라 다음 단계의 목장에 등록해야 할 것 같고, 이것이 우리가 가야 할 인생의 여정에 순응하는 것이 아니겠는가.

학회 및 협회 활동

....

사회생활을 하는 이상 모든 것을 혼자 할 수 없고, 함께해야 한다. 그러니
함께할 사람이 많다는 것은 진정 힘이 되고 소중한 재산이 된다.

대한국토도시계획학회

교수 30년을 돌아볼 때, 학회는 학교 다음으로 내 활동의 큰
부분을 차지한다. 특히 대한국토도시계획학회에서의 활동은 내
학회 활동의 전부라고 할 수 있다. 처음 교수로 임용되었을 때,
나는 학회의 중요성을 전혀 인식하지 못했고, 오히려 학회에 나가는
것이 시간 낭비라고 생각할 정도였다. 학회 총회는 2월 마지막
주 금요일에 통상 개최되었는데, 새로운 학기 준비로 분주했던
나는 총회에 가는 것이 시간 낭비라고 생각했다.

교수 초기시절 나는 도시정보지 편집위원과 학회지 편집위원,
학술위원회 학술위원 등으로 활동하면서 학회에 관한 생각이 크게
달라졌다. 즉, 학회에서의 활동은 시간 낭비가 아니라 소중한 배움의

시간임을 깨달았던 것이다. 특히 회의 후 자연스럽게 이루어지는 전문가들 사이의 자유로운 대화는 도시 이슈에 대한 해석과 진단 그리고 계획적 처방이 다양할 수 있음을 확인하는 의미 있는 자리이기도 했다.

학회 모임에서 특히 좋다고 생각한 것은 자신의 의견을 다른 사람에게 강요하지 않는 분위기였다. 모든 전문가들은 자신의 고유한 의견이 있다는 것을 인정하고 존중하는 것 같았다. 물론 치열하게 논의하는 경우도 있었지만, 대체적으로는 다른 사람의 말을 경청하는 분위기였다. 이런 분위기에 속하면서 나는 생각의 폭과 깊이가 넓고 깊어졌으며, 다양한 의견을 받아들일 수 있는 수용성도 생기게 되었다.

우리가 종종 방송에서 하는 정치인들의 토론을 보면, 다른 의견을 수용하기보다는 서로의 주장들에 한 치의 양보가 없는 장면을 많이 본다. 반면 학회에서의 토론은 내용적으로 차이가 존재했지만 대체적으로 다른 사람에게 자신의 주장을 지나치게 강요하지는 않았다. 그 이유는 바로 관점의 다양성을 존중하는 데 있는 것 같았다.

토론회에서 정치인들과 전문가들 사이에서 차이가 있다면 무엇일까 생각해 본다. 정치인들에게는 근본적인 사상과 신념 그리고 진영의 논리 등에 차이가 있어 서로가 다른 의견을 수용하기가 어려운 반면, 전문가들에게는 관점의 차이만 있을 뿐이어서 다른 의견을 수용하기가 상대적으로 어렵지 않다는 생각이다. 그래서 전문가들의 토론이 상대적으로 생산적이지 않을까 생각한다.

도시나 국토에서 일어나는 문제에 대한 원인이 워낙 복합적이어서 문제를 해결하는 수단도 사실 다양할 수밖에 없다. 이런 면을 고려해 보면, 도시나 국토의 공간정책을 수립하는 데 있어 문제는 해결 수단이 없어서가 아니라, 수단이 너무 많음에 기인하는 것이라 할 수 있다. 다시 말해, 공간정책의 핵심은 바로 선택의 문제인 것이다. 그러므로 정책을 최종결정하기 전에 가장 먼저 전문가들 사이에 치열한 논의가 있어야 하고, 그러한 논의를 통해 최선의 방안을 모색하고 선택해야 한다고 믿는다.

하여튼 학회는 내게 많은 전문가들을 만나는 기회를 제공했고, 그들과 함께하면서 다양한 의견도 확인할 수 있었고, 마음속으로 그러한 차이를 줄일 수 있는 방안도 생각하게 했다. 한마디로 말해, 학회 활동을 통해 나는 너무나도 많은 것을 배웠다. 그래서 나는 후배 교수나 제자들에게 학회의 활동에 적극적으로 참여해야 한다고 늘 강조해 왔다. 학회에서 활동을 열심히 하다 보니 더 많은 기회가 생겼고, 그러면서 자연히 나는 학회의 중견으로 여러 위원회의 위원장의 역할을 맡게 되었다.

도시정보지 편집위원장, 학회지 편집위원장, 그리고 지자체정책 자문단장 등을 맡아 활동했다. 위원장을 맡아서 좋았던 점은 함께하고 싶은 위원들을 선택할 수 있었고, 또한 다루고 싶은 주제의 선정이나 해야 할 위원회의 활동 계획도 자체적으로 세울 수 있었다는 것이었다. 여러 위원장을 맡아 활동할 때가 실질적으로 내가 학회 활동에서 배움의 즐거움과 기쁨 그리고 보람이 가장 컸던 기간이었다.

학회에서 주요 위원장으로 적극적으로 활동하다 보니 자연스럽게 회장단 진입이 눈앞에 다가왔다. 하지만 나는 학회에 적극적으로 참여하기는 했지만, 회장으로 활동하는 것에 대해서는 생각해 본 적이 없었다. 그러나 시간에 따라 생각도 바뀌고 역할도 달라졌다. 대한국토도시계획학회는 규모도 크고, 정부의 국토 및 도시정책에 대한 영향력도 있는 학회이다 보니, 역량이 높은 교수들이 많이 활동했고 그중에는 당연히 회장을 꿈꾸는 교수들도 있었다.

회장이 되기 위한 첫 관문은 제2부회장(행재정 부회장)으로 선출되어야 한다. 그래야만 회장으로 가는 길이 순탄해진다. 나는 제2부회장으로 선거에 나섰으나 고배를 마셨다. 공교롭게도 한양대 도시공학과에서 나와 10년 동안 동고동락했던 최막중 교수가 선거에 출마했던 것이다. 난 선거 전 최막중 교수에게 선거를 하게 된다면 페어플레이를 하지고 했고, 그도 그렇게 하겠다고 약속했다. 나는 약속을 잘 지켰고, 그도 잘 지켰다. 그러나 결과는 최막중 교수의 승리였다.

이길 것으로 예상했었는데 선거에 지고 나니 그 충격이 컸으며, 실망스러웠고, 부끄럽기까지 했다. 그러나 많은 사람들로부터 위로가 있었고, 그중 어떤 교수가 전한 말에 큰 위로를 받았었다. 선거

후 회원들은 '김흥배 교수는 전투에서 졌지만, 전쟁에서는 이겼다.' 라고 말했다는 것이다. 사람들이 그렇게 말한 것은 아마 선거 과정에서 내가 보인 페어플레이 때문이 아닌가 생각했다.

나는 다시 힘을 내어 학회 활동을 했고, 2년 후에 선거에 나가 제2부회장으로 당선되었다. (그때는 단일 후보였다.) 그 후 무난하게 제1부회장과 회장으로 당선되었다. 그러니까 회장단에서 최막중 교수와 4년을 함께했던 것이다. 한때는 경쟁하는 사이였지만 전체적으로 나는 최 교수와 좋은 관계를 유지했다. 그는 내가 만난 사람 중 역량뿐만 아니라 기획력과 추진력도 출중한 사람 중의 하나였다.

최막중 교수 5주기 추모회 기념사 (2024.01.13.)

오랜 시간을 함께한 최막중 교수님을 생각하면 여러 모습이 떠오릅니다만, 그중에서 가장 기억에 남는 것은 첫 만남과 마지막 만남이 아닐까 생각합니다. 먼저 첫 만남은 1993년 2월 초 한양대학교 총장님 면접 후 도시공학과 교수 회의실에서 있었습니다.

이름이 독특해 한번 들으면 기억력이 좋지 않은 저와 같은 사람도 결코 잊을 수 없는 이름이었지요. 어느 곳에서나 막중한 역할을 하라는 부모님의 간절한 마음이 느껴지는 이름이었습니다. 하여튼 첫인상은 이름에 걸맞는 외모를 가진 그가, 우리나라 도시계획 분야의 발전에 막중한 역할을 할 것이라고 확신했습니다.

그는 신임교수였지만 신임교수 같지 않은 여유와 안정감이 있었으며, 생각도 잘 정돈되었고, 학문적으로도 성숙한 사람이었습니다. 연구실이 바로 제 연구실 옆이었기 때문에 그의 열정과 폭넓은 활동력을 쉽게 볼 수 있었고, 제가 가졌던 그에 대한 확신이 결코 틀린 것이 아니었음을 확인할 수 있었습니다.

마지막 만남은 2019년 1월 중순 해외 출장을 마치고 돌아온 다음 날, 병원에서였습니다. 그날이 그와의 마지막 날이 될 것이라고는 생각하지 못했었지요. 숨을 어렵게 몰아쉬는 최 교수님을 위해 마음의 기도를 마치면서 여러 생각이 교차했었습니다. 생명에 관한 '우리는 어쩔 수 없구나.' 하는 생각과 함께 우리에게 마지막 순간이 왔을 때 '과연 무엇을 남기게 될까?' 하는 생각이었습니다.

'虎死留皮, 人死留名'(호사유피, 인사유명)이라는 말이 있습니다. 호랑이는 죽어서 가죽을 남기고 사람은 죽어서 이름을 남긴다는 말이지요. 도시계획가들에게 이름을 남기는 것이 다일까요? 저는 더 중요한 것이 있다고 생각합니다. 그것은 바로 도시를 남기는 것입니다. 도시란 한번 건설되면 이동이 불가능하고, 천재지변이 아닌 이상 영원히 존재하는 실체입니다. 그렇기에 지속 가능한 도시를 만드는 것이 중요하고, 이를 위해서는 무엇보다도 좋은 계획이 먼저 있어야 합니다.

좋은 계획을 수립하기 위해 도시계획가들은 이론적으로 탄탄하게 무장해야 하며, 계획의 과정 과정마다 치열한 고민도 해야 합니다. 이러한 면에서 최 교수님은 우리에게 계획 이론과 수단 선택에 관해 유용하고도 귀한 업적을 많이 남겼다고 생각합니다.

최 교수님이 소천 받은 지 벌써 5년이 되었습니다. 시간이 참 빠르게 흘렀습니다. 우리는 시간의 흐름을 과거와 현재 그리고 미래로 구분합니다. 과거는 이미 지나갔고, 미래는 아직 오지 않았으니 우리가 통제할 수 있는 것은 바로 현재뿐입니다. 그래서 우리는 현재를 잘 보내야 합니다. 그래야 밝은 미래가 있기 때문입니다. 이러한 면 때문에 현재를 영어로 'present'라고 하는 것 같습니다. 그래서 복음성가에서도 '내일 일은 잘 몰라요. 하루하루 살아요…'라고 하지 않습니까?

그러면 정말 우리에겐 현재만 있을까요? 아닙니다. 과거-현재-미래는 모두 다른 형태로 현재에 있습니다. 과거는 소중한 기억으로 그리고 미래는 기대와 기다림으로 현재에 있습니다. 우리가 최막중 교수님이 이룬 업적을 기억하며, 그 업적을 바탕으로 우리가 지금 무엇을 해야 하는지를 고민하고, 그러한 고민이 앞으로 우리가 사는 도시의 미래를 어떻게 변화시킬 것인지를 기대하며 기다릴 때, 도시계획가인 최 교수님은 늘 우리와 함께 있는 것입니다.

저는 개인적으로 또 다른 기다림이 있습니다. 그것은 최 교수님이 배출한 훌륭한 제자들이 앞으로 우리나라의 도시계획을 어떻게 발전시킬 것인가 하는 기대입니다. 제자들 면면을 고려해 볼 때, 저의 기대는 무리한 것이 아니라고 확신합니다. 여기에 있는 제자 여러분들도 이러한 기대가 있다는 것을 인식하여 각자의 자리에서 최선의 노력을 해주길 바랍니다.

무엇보다도 오늘 이 자리에 부족한 사람을 초대해 주어 감사합니다. 그리고 행사 준비에 수고가 많은 여러분들에게 감사의 마음을 전하고 싶습니다. 이런 행사를 지속해 나가는 제자들 모두가 참 훌륭해 보입니다. 마지막으로 오늘의 행사를 보면서 천국에 있는 최막중 교수님도 흐뭇해하리라고 믿습니다. 이것으로 저의 기념사를 마치겠습니다. 경청해 주셔서 감사합니다.

한양대 도시공학과 명예교수 김홍배

2016년 2월 대한국토도시계획학회 제24대 회장으로 당선되어 2년간 학회를 이끌었다. 회장으로 취임하니 걱정거리가 많았다. 왜냐하면 전임회장들의 업적이 너무 커 보였기 때문이다. 나는 전임회장들과 다른 차별화 전략을 수립하기보다는 모든 일들을 하는 데 있어 집단의 지혜에 의지하려고 했으며, 회원들의 말을 더욱 귀 기울여 들으려고 했다. 그러면서 학회 행정의 안정적인 시스템화를 추구했었다.

내가 학회장으로 있던 그 기간에 학회에 여러 굵직한 일들이 상대적으로 많았었다. 그럴 때마다 나는 임원들과 함께 충분히 논의했고, 중지를 모아 최선의 해결책을 만들었다. 그러면서 깨달은 것은 바로 개인의 능력과 신념이 집단의 지혜를 앞설 수 없다는 것이었다. 지도자의 역할은 충분한 논의를 통해 정교한 결론이 도출될 수 있는 분위기를 조성하는 데 있다고 믿게 되었다.

그리고 대한국토도시계획학회의 행사는 전국적으로 있어서 여러 도시나 지역을 많이 돌아다니기도 했다. 아마 내 인생에서 이때가 학교 밖으로 나다니면서 가장 바쁜 시간을 보낸 때가 아니었을까 생각해 본다. 학교에서는 도시대학원장과 부동산융합대학원장을 겸하고 있었고, 외부에서는 대한국토도시계획학회 회장을 하고 있었기 때문이다.

회장으로 취임한 이래, 시간은 빠르게 지났으며, 어느덧 2018년 2월 총회를 맞게 되었다. 총회에서 서울대 김안제 명예 교수님이 축사해 주었는데, 그는 나에 대해 이렇게 평했었다. '사람에게는 세 가지 유형이 있다. 기대만큼만 하는 사람이 있고, 기대를 많이 했는데 기대에 미치지 못하는 사람이 있으며, 마지막은 기대하지 않았는데 기대 이상으로 하는 사람이다. 김홍배 회장은 전형적인 세 번째 유형의 사람이다.'라고.

김안제 교수님의 축사를 듣던 어떤 교수는 "칭찬이야, 욕이야?" 라고 말해 주변 사람들 모두를 웃게 만들기도 했다. (도시계획 분야의 발전에 공헌하신 김안제 교수님은 2022년 10월 숙환으로 작고하셨다.) 마음속으로 나는 김안제 교수님의 말씀에 감사했고, 내게는 최고의 찬사라고 생각했다. 2년간의 내 열심을 인정해 주는 것 같았기 때문이다.

2년간의 학회장기간은 내겐 더할 나위 없이 행복한 시간이었으며, 전국을 다니면서 많은 전문가들과 만나면서 배움도 많았던 시간이었다. 그리고 어떤 기관을 대표한다는 것은 누림만 있는 꽃길이 아니라는 것을 절실하게 느낀 시간이기도 했다. 오히려 대표성이 있었기에 남들보다 더 긴장하고 더 많이 고민했던 시간이기도 했다.

나는 그때까지 어떤 기관의 대표가 자신의 임기를 마치고 후임자에게 인계하는 것이 시간만 지나면 으레 그렇게 되는 것이라고만 생각했었다. 그러나 막상 학회장을 맡고 보니 자신의 임기를 무사히 마치고 다음 회장에게 한 단계 성장한 상태로 업무를 인계한다는 것이 실로 쉬운 일이 아님을 알게 되었다. 전임회장들도 그런 심적

부담감이 있었으리라 생각하니 그들에 대한 존경의 마음이 자연히 생기는 것이었다.

회장 초기에 어느 부회장과 대화하면서 내가 가장 기다리는 날이 2018년 2월에 있는 총회라고 말했었다. 그러자 그 부회장은 회장하는 것이 그렇게 힘드냐고 물었다. 힘들고 부담스러운 것이 아니라 회장 임기를 무난하게 마치고 다음 회장에게 이전보다 발전된 학회를 넘겨주어야 하는 책임감 때문이라고 말해 주었다. 나는 그에게 회장의 자리가 결코 가볍지 않다는 것을 알리고 싶었던 것이다.

한국도시계획가협회

학회장을 마친 나는 다음으로 정년까지 얼마 남지 않은 시간을 잘 마무리하는 데 써야겠다고 생각했다. 그러나 도시대학원장을 맡고 있었기 때문에 우선은 도시대학원을 위해 최선을 다하고 연구실로 돌아간 후에 구체적인 준비를 하기로 마음먹었다. 이런 생각을 하고 있던 차에 여홍구 교수님이 내게 한국도시계획가협회장을 맡아주었으면 좋겠다고 제안하셨다.

나는 여 교수님의 요청을 정중하게 사양했는데, 그 이유는 여러 면에서 어려운 상태에 있는 협회를 맡기가 조심스러웠고, 맡는다고 해도 잘할 것 같은 확신도 없었기 때문이었다. 사실 2012년 한국도시계획가협회가 창립될 당시, 많은 도시계획 전문가들이 협회에 거는 기대가 컸고, 나도 협회창립에 발기인으로 참여했었다.

당시만 해도 도시계획 분야를 대표할 단체가 없어 관련 엔지니어링 회사들의 발전과 도시계획가들의 위상을 강화할 수 있는 방안을 제도화하는 데 근본적인 한계가 있었다. 그래서 협회가 창립되었을 때, 도시 분야의 모든 전문가들이 협회에 거는 기대가 컸던 것이다. 그러나 회원들의 기대와 달리 협회의 활동이 많지 않았고, 운영 방향에 대한 의견도 통합되지 않는 등 여러 문제들이 나타나기 시작했다. 그런 문제들로 인해 협회의 존재감은 미미해졌고, 도시계획 전문가들의 관심에서도 멀어져 갔던 것이다.

협회의 그런 어려움에 대해 여러 사람으로부터 전해 들어서 잘 알고 있었고, 그래서 협회 일에는 관여하고 싶지 않았다. 협회장을 맡으면 분명 책임감을 지니고 전력투구를 하겠지만, 언급했듯이 그렇게 한다고 해도 협회가 잘 될 것 같은 확신이 없었다. 그런데 내가 협회장에 대해 진지한 고민을 하게 된 계기가 있었다.

나는 평소에도 학부생들에게 도시계획 관련 엔지니어링 회사를 많이 추천했었다. 그 이유는 우수한 학생들이 엔지니어링 분야에 많이 진출해야 실질적인 도시계획 분야의 발전이 가능하다고 믿었기 때문이다. 그뿐만 아니라 직업의 안전성과 지속성 측면에서도 학생들에게 유리하다고 생각했다. 대기업에 취업한 졸업생들이 종국에는 대표(CEO) 자리에 오르지 못하면 50대 중반 정도에 회사를 떠나야 하는 경우를 많이 보았던 것이다.

반면 엔지니어링 회사에 취업한 졸업생들은 정년 없이 평생 일하는 경우가 많았다. 이것이 가능한 것은 엔지니어링 회사에 가면 대부분 도시계획기술사를 취득되게 되고, 그 자격증이 있으면 나이에 관계없이 일할 수 있기 때문이다. 이것이 엔지니어링 회사에 취업하는 졸업생이 얻을 수 있는 가장 큰 장점이라고 할 수 있다. 이런 점 때문에 나는 학생들에게 도시계획 관련 엔지니어링 회사를 추천했던 것이다.

내 연구실에서 석사과정에 있던 학생이 엔지니어링 회사에 가고 싶다고 해서 나는 몇몇 회사를 추천했었다. 추천한 회사들은 학생이 원한다면 채용하겠다고 내게 말도 했었는데, 면접을 보고 온 학생이 내가 소개한 회사들을 가고 싶지 않다고 하는 것이었다. 그 이유는 바로 낮은 임금수준 때문이었다,

내가 학부에서 공부할 때도 그리고 교수가 되었을 때도 도시계획 분야는 늘 장래의 유망한 분야로 선정되었다. 장래의 유망한 분야가 실제로 그렇게 되기 위해서는 먼저 우수한 인력들이 엔지니어링 회사로 가야 하고, 엔지니어링 회사들은 그들에게 대기업 수준의 임금수준을 제공해야 한다. 그러나 엔지니어링 회사의 임금수준이 대기업에 비해 통상 낮았다. 물론 엔지니어링 회사의 낮은 임금수준은 직업의 안정성과 지속성으로 보완된다고 할 수도 있다. 여기서 임금수준이 낮은 이유는 바로 엔지니어링 회사가 계획 관련 일을 낮은 가격으로 수주하기 때문이다. 그 결과 직원들의 임금을 대기업

수준으로 줄 수는 없는 것이다.

이런 구조적인 문제를 보면서 도시계획가협회가 적극적으로 나서야 한다고 생각했다. 그러나 문제는 협회가 그런 역할을 담당하기에는 협회의 인력과 조직 및 재정 규모가 절대 영세했다. 평생 도시계획을 했는데, 협회의 어려운 상황을 보고도 의도적으로 피하는 것이 마음에 걸렸으나, 그렇다고 회장이 되어 활동하는 것에 대해서는 선뜻 마음이 내키지 않았다. 정말 고민이 되었다.

그래서 나는 가까운 사람 네 명에게 의견을 구했다. 공교롭게도 두 명은 적극적으로 회장을 맡으라고 했지만, 나머지 두 명은 절대 맡지 말라고 했다. 반대하는 두 명은 협회에 대한 불신이 커서 새로운 조직을 만들어 시작하자는 의견이었다. 나는 고민 끝에 협회장 선거에 나가기로 결심했고, 남은 에너지를 도시계획가협회에 쏟기로 했다. 새로운 조직을 만드는 것보다 기존의 조직을 잘 정비하는 것이 더 효과적이라고 생각했던 것이다. 그래서 협회의 회장 선거에 출마했고, 무난하게 당선되었다. 사실 단독 후보였다.

당선되고 나서 협회의 사정을 세세히 살펴보니 모든 면에서 생각했던 것보다 상태가 더 열악했고, 학회와는 비교 자체가 되지 않았다. 대한국토도시계획학회의 경우는 시스템도 안정적으로 작동되었고, 재정 상태도 견고해 다양한 사업들을 할 수 있었으며, 회원들도 학회 행사에 적극적으로 참여했었다. 그러나 협회는 조직이 있었으나 제대로 작동하지 않았고, 재정도 위험 수준이었다. 그런 상태에서 협회가 할 수 있는 일은 매우 제한적이었으며, 회원들도 협회의 행사에 관심이 낮았고, 임원들조차 협회 일을 피하려는 느낌을 받았다.

역시 어느 조직이든 사람이 중요했다. 어떤 일을 할 때, 하지 않을 이유를 먼저 찾는 사람들과는 함께 일하기 어렵고, 하겠다고 해도 그런 사람들과 함께하는 것은 기관의 발전에 전혀 도움이 되지 않는 것이다. 그래서 나는 우선 도시계획에 대한 애정과 순수한 열정을 가진 사람들을 중심으로 협회 회장단과 임원진을 구성해야겠다고 생각하여, 그런 사람들을 찾으려고 노력했다.

어렵게 부탁을 했음에도 불구하고 함께하자는 나의 요청에 대부분의 사람들이 수락을 해서 협회조직을 원만하게 구성할 수 있었다. 그리고 나는 그들에게 협회의 주요 위원장을 맡겼으며, 협회의 활력을 위해 각자의 역할에 충실할 것을 간곡하게 부탁했다. 당시 내가 가장 시급하다고 생각했던 것이 협회의 존재감 부각과 활력이었다. 이를 위해 회장단 회의와 임원 회의를 정례화했으며, 예산 부족에도 불구하고 협회지를 연 4회 발행했다. (사실 당시 협회 예산을 볼 때, 협회지를 4회 발간하여 전 회원들에게 보낸다는 것이 분명 재정적으로 큰 부담이었다.)

많은 분들이 함께해 주었고, 내 노력에 적극적인 호응과 지원도 해주었다. 위상강화위원회를 설치해서 도시계획가들의 사회적 위상 강화를 위해 필요한 사항과 이슈들을 도출했고, 제도에 반영이 필요한 사항에 대해서는 국토교통부 차관을 비롯한 관련 공무원들을 만나 이해를 구하기도 했다. 또한 도시계획에 관련한 일을 용역이라고 부르는 것에 대한 용어변경 운동도 감행했다.

도시계획의 일은 엄밀히 말해 지식산업에서 대표적이라고 할 수 있는데, 관행상 용역이라고 하는 것은 도시계획에 종사하는 사람들에게 자긍심을 줄 수 없다고 판단했기 때문이었다. 협회 회원들의 의견을 바탕으로 용역을 대신해 엔지니어링으로 부르는 운동도 펼쳤다. 협회에서 추진하는 여러 노력들이 서서히 효과를 나타내기 시작했다.

안정적인 재정수입은 협회를 위해 절대적이었다. 재정이 안정되어야 계획가들을 위한 다양한 사업이 가능했으며, 위원회의 활동을 지원할 수 있었기 때문이다. 협회 재정을 향상시키기 위해서는 무엇보다 개인회원들과 단체회원들의 가입 확대가 필수적이었다. 지속적인 회원 배가 운동과 사업으로 협회 재정은 취임 전에 비해 약 3배 이상으로 높아졌으며, 회원들도 500명 대에서 2023년 초에 1,000명 대로 진입했다.

영국의 철학자 프랜시스 베이컨(Francis Bacon)의 "아는 것이 힘이다."라는 말에 대해 나는 종종 스스로 질문을 하곤 한다. '무엇을 아는 것이 힘일까?' 하는 질문이다. 경험상 사람을 많이 아는 것이 힘이라고 생각한다. (물론 아는 사람이란 단순히 아는 사람이 아니라 신뢰할 수 있는 사람을 의미한다.) 이렇게 생각하는 이유는 우리가 사회생활을 하는 이상 모든 것을 혼자 할 수 없고, 함께해야 하기 때문이다. 그러니 함께할 사람이 많다는 것은 진정 힘이 되는 것이고 소중한 재산이 되는 것이다.

협회 재정에서 인건비를 제외하고 나면 건물임대료가 차지하는 비율이 높았다. 협회 소유의 사무실을 매입하고, 납부했던 임대료를 원금상환과 이자로 지불하면 협회의 자산증식에 큰 도움이 될 것이 분명했다. 그래서 협회의 수입을 절약하고, 절약한 금액을 저축해서 2022년 초에 종로 익선동에 오피스텔 한 채를 매입할 수 있었다. 물론 은행 융자가 있었지만, 내 기분은 마치 처음으로 내 집을 마련할 때처럼 기뻤다.

교수를 하면서 가장 열정적으로 한 대외활동은 아마 한국도시계획가협회에서의 봉사가 아닐까 생각한다. 열심히 활동한 만큼 결실도 있었고, 보람도 컸다. 협회의 제4대와 5대 회장을 역임한 나는 2024년 2월 제6대 회장이 선출되면서 임기를 마쳤다. 인수인계를 하면서 6대 회장이 협회를 잘 발전시켜 도시계획가들의 위상이 높아지고 지금까지의 사회적 기여가 널리 인식되길 간절히 바랐다. 지금도 도시계획가협회의 발전을 기원하는 염원은 항상 내 마음의 중심에 자리하고 있다.

토지주택연구원

....

저에게는 기다림이 생겼습니다. LH가 그동안 해 왔던 많은 사회적 기여를
왜곡됨 없이 정당하고 공정하게 평가받는 것이고,
토지주택연구원의 위상도 한층 더 높아지는 것입니다.

고민과 선택

2022년 1월 3일 오전에 나는 학교에 가서 예년과 다름없이 주변 교수들과 새해 인사를 나누고, 새해의 계획을 세우며 보내고 있었다. 그때 잘 아는 교수로부터 연락이 왔는데, 그는 내게 토지주택공사에서 토지주택연구원장을 공모하려고 하는 데 관심이 있냐고 물어보는 것이었다. 나는 연구원장에 별 관심이 없다고 말했다.

보다 정확하게 말하자면 연구원장에 관심이 없다기보다는 당시 내 마음에 다른 것을 생각할 여유가 없었다. 2022년은 내가 대학을 졸업한 지 40년이 되는 해였고, 교수 30년 차가 되는 해였으며, 이 두 숫자를 합치면 70년이 되는 해이기도 했다. 전공이 지역경제

분석인 만큼 나는 숫자에 남들보다 의미를 많이 두는 사람이다. (어떨 때는 아내도 숫자에 많은 의미를 두는 내게 너무 과도하다고 말할 정도였다.)

성경에서 7과 10은 완전수에 해당하는 숫자이고, 70이라는 숫자는 완전한 회복과 구원을 의미한다. 그리고 성경에서 40이란 숫자가 많이 나오는데, 이는 교육과 훈련을 의미하는 숫자이다. 그리고 30년은 통상 한 세대의 기간을 말한다. 어쨌든 2022년은 숫자상 내게 많은 의미가 있는 해라고 생각했다. 그래서 대학 졸업 후의 내 삶을 돌아보면서 책을 썼으며, 2022년 2월까지 출간할 예정이었다. 전공 서적이 아닌 자서전 성격의 책의 출간이 임박해 오면서 내 마음도 분주하여 다른 일들을 생각할 여유가 없었던 것이다. 또한 원장이 될 경우, 처리해야 할 여러 일들이 동시에 생각나서 난 전화를 한 교수에게 관심이 없다고 했던 것이다.

그는 내게 하루 정도 생각해 보고 다음 날 다시 통화하자고 했다. 사실 토지주택연구원은 내게 매우 익숙한 연구원이었다. 왜냐하면 나는 연구원이 발행하는 학술지(LHI Journal)의 편집위원장을 2019년 가을부터 맡았고, 연구원이 학회 및 협회의 다양한 토론회와 세미나에 든든한 후원 기관이기도 했기 때문이다. 또한 연구원 소속 박사들이 학회와 협회 등에서 활발하게 활동하고 있었다.

그런 연구원에 원장을 맡는 것은 개인적으로 영광이었으나, 분주한 여건과 처리해야 할 일들 때문에 그 자리에 선뜻 응모할 마음이 생기지 않았다. 주변에 있는 후배 교수들에게 의견을 물어보았더니, 그들은 적극적으로 도전해 보라고 강력하게 말하는 것이다. 물론 공모에 지원한다고 해서 원장 자리가 보장되는 것은 아니었다. 어쨌든 후배 교수들의 강력한 권유에도 불구하고 나는 결정을 내리지 못했다.

후배 교수들이 그런 내 모습을 보더니 결정이 어려우면 여홍구 교수님께 의견을 구해 보라고 했다. 여홍구 교수님도 유학에서 돌아와서 첫 번째로 근무했던 곳이 대한주택공사의 부설기관인 주택도시연구원이었다. 그는 평소에도 연구원에서의 경험이 자신에게 유익했다고 자주 말하곤 했다. 여 교수님은 내 말을 듣고서 고민할 것도 없다고 하면서 적극적으로 도전하라고 했고, 나는 고민 끝에 도전하기로 했다.

원장 초빙공고가 나왔는데, 여러 단계를 거쳐 최종적으로 4월 말에 결정되는 것으로 되어 있었다. 생각보다 공모 기간이 길었지만, 절차를 중요시하는 공기업이다 보니 공정하고 무리 없이 진행하려는 것으로 이해했다. 4월 중순에 최종적으로 원장으로 선정되었다고 통보받았다. 나는 학교를 5월 1일 자로 휴직하고 5월 2일 연구원장에 취임했다.

연구원장으로 결정되기 전에도 고민이 많았다. 가장 큰 고민은 박사과정에 있는 학생들이었다. 당시에 10명 정도의 학생이 박사과정에 있었는데, 그들을 어떻게 지도할 것인가가 가장 부담이 되었으며, 진행 중인 연구들과 강의에 대해서도 고민이 되었다. 그래서 박사과정 학생 중 수도권에 거주하는 학생들은 주말에 학교로 가서, 그리고 비수도권에 있는 학생들은 연구원에서 논문을 지도하기로 했다. 또한 내가 맡은 연구들은 다른 교수들로 대체했으며, 맡은 강의도 대체 교수를 찾아 부탁했다.

5월 1일, 대전광역시 대덕구에 위치한 토지주택연구원으로 내려 갔는데, 오래전에 가졌던 마음을 다시 한번 느낄 수 있었다. 구체적으로 40년 전 1982년 6월 광주에 있는 보병학교의 교육을 마치고 전방사단으로 갈 때와 같은 기대와 각오 그리고 긴장 같은 마음을

제5대 토지주택연구원장으로 취임

느낄 수 있었다. 어렵게 결정한 것이니 최선을 다하는 것 외에는 내가 할 일은 따로 없다고 마음먹으면서 대전으로 향했다.

토지주택연구원에서의 활동

원장으로 취임하면서 나는 연구원의 옛 명성을 회복하고, 연구원이 해왔던 실용화 연구를 통해 국가 발전에 지속적으로 기여하는 것을 목표로 삼았다. 나의 학부 시절이나 대학원 시절 토지주택연구원의 전신인 주택도시연구원은 명망이 높았다. 실력 있는 박사들이 많았고, 도시나 단지계획에 관한 좋은 보고서들도 많이 나왔으며, 그래서 어떤 학생들은 그 보고서를 보면서 공부할 정도였다.

토지주택공사는 2009년 10월에 토지공사와 주택공사가 합병되어 출범한 공기업이다. 토지공사와 주택공사는 신도시와 산업단지를 많이 건설하면서 우리나라의 기술 수준을 한 단계 향상시켰으며, 경제성장에도 크게 공헌하였다. 나는 토지공사와 주택공사 그리고 합병 후 토지주택공사와의 연구에 여러 번 참여했고, 그 과정에서 토지주택공사가 우리 분야에 미친 기여도에 대해 잘 알고 있었다.

그런데 2021년 투기 의혹 사건이 제기되면서 토지주택공사는 부도덕한 기관으로 낙인찍힐 위기에 놓이기도 했었다. 약 10,000명으로 구성된 조직이 투기 의혹 사건으로 회사 전체가 부도덕한 집단으로 인식되기도 했으나, 최종적으로 유죄를 받은 사람은 단한 명이었다. 그 한 명의 일탈로 인해 전체 조직이 사회로부터 엄청나게 지탄받았던 것이다.

투기 의혹 때문에 토지주택공사에 대한 개혁방안이 사회적인 주요 이슈로 부각되었다. 나는 그 사건으로 인해 토지주택공사가 우리 분야에 미친 모든 기여가 한순간에 사라지는 것 같아 안타까움이 컸다. 100에서 99를 잘해도 1을 잘못하면 모든 것을 잃어버릴 수 있음을 절실히 느끼는 순간이었다.

어쨌든 당시 토지주택공사에 대한 사회적 분위기로 인해 조직의 침체는 이루 말할 수 없을 정도였다. 토지주택연구원은 토지주택공사의 부설기관이었기 때문에 그러한 분위기로부터 자유로울 수가 없었으며, 어찌 보면 연구원이 본사보다 더 침울했다고 할 수 있었다. 왜냐하면 어려운 기간에 연구원장이 거의 일 년 동안 공석이었기 때문이다. 그래서 내가 원장으로 취임했을 때 어느 박사는 우리 연구원에 드디어 아버지가 오셨다고 표현할 정도였다.

연구원의 규모는 생각보다 컸다. 박사급 연구원 108명을 포함하여 석사급 연구원과 직원 등 전체 인원이 200명 정도였다. 연구원 규모로는 결코 작은 것이 아니었기에 안정적 조직관리가 무엇보다 중요하다고 생각했다. 당시 연구원의 조직은 6개실—2센터—1정책지원단—1처로 너무 세부적으로 나뉜 느낌이었고, 진행되는 연구도 본사가 요구하는 현안 연구에 치중하는 것 같았다.

조직이 세부적으로 나뉘다 보니 시대정신을 반영하는 융합연구를 하는 데 한계가 있는 것 같았고, 현안 연구에 치중하다 보니 이론연구와 전략적인 연구가 약해지는 것 같았다. 나는 융합연구의 한계와 이론 및 전략연구가 계속 약해진다면 장기적으로 연구원의 역량 약화가 우려되었다. 그리고 만일 이런 문제를 해결하지 못하면 연구원의 발전은 불투명할 것이다.

그래서 연구원의 역량 강화를 위한 방안을 마련하기 위해 한국정책학회에 연구를 의뢰했고, 연구진들에게 연구원의 발전을 위해 구체적인 방안을 제시해 달라고 강조하고 또 강조했다. 연구진들도 자기 일처럼 연구에 임했다. 나는 그들의 연구 결과를 바탕으로 늦게나마 연구원의 조직을 파편적인 소실(小室) 체계를 대실(大室) 체계로 개편하고, 현안 연구의 지속과 함께 국가 R/D 사업에 적극적으로 참여할 것을 독려했다. 또한 연구원의 개방적 분위기를 위해 외부 전문가들을 초빙하여 연구총괄위원회를 구성하고 회의를 정례화했으며, 연구원들의 연구 의욕을 고취하기 위해 기본과제 제도도 도입하여 시행했다.

연구원들과 함께하면서 느낀 점 중 하나는 그들의 현장에 대한 이해가 상당히 높다는 것이었다. 기관의 특성을 고려하면 당연한 것이기도 했다. 국책 연구기관이 이론을 바탕으로 정책을 개발한다면, 토지주택연구원은 이론을 가지고 현장에 적용할 수 있는 구체적인 방안을 개발하는 것이라고 할 수 있다. 그러니 현장에 적용할 수 없는 연구는 단적으로 말해 토지주택연구원에서 의미를 가질 수 없는 것이다.

연구원들이 현실에 대한 이해가 깊다는 것은 그만큼 실용연구에 대한 역량이 크다는 것을 의미했다. 그러나 공사 내부에서 연구원에 대한 인식은 예상보다 낮았고, 이러한 사실이 나를 놀라게 했다.

내가 심각하다고 생각한 것은 연구원 전체 분위기였다. 연구원들 각자는 어려운 여건 속에서 고군분투하고 있었으나, 전체적인 분위기는 어딘가 모르게 활기가 없고 무거웠다. 그래서 우선적으로 연구원의 분위기를 바꾸고자 애썼다. 연구원들 각자에게 먼저 가까이 다가가려고 했다. 더 많은 애정을 쏟고 싶었으며, 자신감과 자존감을 심어주고 싶었다. 연구원 각자가 그들이 생각하는 것 이상으로

연구원 간부들과 함께

역량이 큰 사람들임을 알려주고 싶었던 것이다. 어떻게 하든 무거운 분위기를 활력 있는 분위기로 바꾸고 싶었다.

나는 직급별 (연구원—책임연구원—수석연구원—연구위원—선임연구위원) 면담을 통해 각 연구원들이 갖고 있는 고충을 듣고 해결방안도 찾고자 했다. 그리고 각 연구실을 자주 방문했었는데, 이는 그들과의 심리적인 거리를 줄이기 위해서였다.

연구원장은 매주 월요일 진주에 있는 본사에서의 경영회의에 참석해야 했다. 아침 일찍 대전에서 본사로 갈 때마다 항상 느끼는 것이 있었는데, 그것은 우리나라 산림이 참으로 울창하다는 것이었다. 60년대에 우리나라의 많은 산은 민둥산이라고 할 정도로 나무가 없었는데, 오늘날에는 어느 곳에 가든지 나무가 무성했다. 유학 시절 여행할 때면 미국의 울창한 산림을 보며 부러워했는데 이제는 우리나라에서도 울창한 산림을 흔히 볼 수 있게 된 것이다.

나는 울창한 산림을 보며 다짐했다. 예전의 민둥산이 우리 모두의 노력으로 초록의 울창한 산으로 변하는 것처럼 나도 연구원의 발전을 위해 최선을 다하겠노라고. 단기간에 이루어지지는 않겠지만 그런 날을 기대하면서 하루하루를 보내고자 했다.

연구원장을 마치며

토지주택연구원장으로 근무하면서 연구원뿐만 아니라 토지주택공사의 모든 직원들이 출중한 능력을 소유했으며, 겸손하고 성실하다고 느꼈다. 또한 회사의 규정에 따라 살아가려는 우직한 사람들 같았다. 어떤 경우에는 그들의 행동에 융통성이 너무 없는 것 같아 답답할 정도였고, 그래서 나는 그들에게 종종 조금의 여유를 갖고 근무하자고 말하기도 했다. 물론 대부분은 자신들이 해야 할 일에 매우 충실히 임했다.

직원들은 회사에 대한 자긍심이 컸으나 여러 사건들로 인해 외부로부터 질타를 받으면서 조금씩 퇴색되는 것 같아 안타까운 마음을 금할 수 없었다. 외부의 질타 중에는 공사 입장에서 볼 때 억울한 면도 있었는데, 토지주택공사는 그에 대해 적극적으로 대처하지 않는 것 같았다.

나는 외부의 질타에 대해 억울하고 사실과 다른 것에 대해서는 적극적으로 대처해야만 한다고 회의 석상에서 여러 번 주장했다. 적극적인 반박을 하지 않는다면 일반인들이 사실과 다른 것을 사실로 받아들일 것이 분명하기 때문이었다. 그럴 경우, 토지주택공사 직원들의 마음에는 억울함이 남게 되는 것이다. 어쨌든 사회로부터의 큰 질책으로 인해 직원들은 정신적으로 많은 고통을 받았다. 그러한 고통이 궁극적으로 토지주택공사의 문제를 개선하는 방향으로 작용했으면 싶었지만, 그 과정에서 직원들의 높은 소속감과 자긍심이 자칫 무관심과 냉소적인 분위기로 전환되지 않기를 바라는 마음이 컸다.

사람이 받는 고통에는 육체적으로부터 오는 것과 정신적으로 오는 것으로 구분할 수 있다. 전자는 질병이나 사고로 인해 겪는 신체적 고통을, 후자는 대부분 인간관계로부터 오는 고통을 말한다. 정신적 고통은 갈등이나 따돌림, 원한, 속임을 당하는 것, 원통함, 억울함 등으로 인해 겪는 고통을 말한다. 육체적 고통이나 정신적 고통 모두 실질적인 아픔을 동반한다. 몸이 아파 잠을 못 이루기도 하지만, 마음이 아파 잠을 못 이루기도 하는 것이다.

그러면 어느 고통이 더 아플까? 어떤 연구에 의하면 정신적 고통도 육체적 고통과 거의 같다고 한다. 그러나 나는 개인적으로 마음의 고통이 더 크고 아프다고 생각한다. 왜냐하면 육체의 고통은 상처가 치료되면 말끔히 사라지지만, 정신적 고통은 시간이 지나도 완전하게 사라지지 않고 마음에 잠재적으로 남게 마련이기 때문이다.

정신적 고통에는 다양한 요인이 있겠지만, 나는 그중에서도 억울함이 우리에게 가장 큰 고통을 주는 것이 아닐까 생각한다. 억울함은 진실이 아닌 것에 기초하여 당하는 불공정이기 때문이다.

억울함의 측면에서 생각을 해보면, 하나님도 억울함을 크게 느끼실 것 같다. 우주만물을 창조하셨는데도 불구하고 이것을 믿지 않는 사람들이 있고, 우리를 구원하시기 위해 독생자 예수님을 이 땅에 보내셨는데도 이를 부정하는 사람들이 많으니 말이다. 그런 억울함에도 불구하고 이 세상을 사랑하시는 것을 생각하면 하나님은 진정 사랑의 하나님이시며 찬양받기에 합당하신 분이다.

하여튼 토지주택연구원장으로 근무하면서 나는 좋아하지 않는 사자성어가 생겼는데, 그것은 바로 주마가편(走馬加鞭)이다. '달리는 말을 더 잘 달리게 하기 위해서 채찍을 가한다.'라는 뜻이다. 하지만 주마가편 이전에 반드시 해야 할 일이 있다. 그것은 말의 상태를 잘 살펴보는 것이다. 말의 상태가 죽을 지경에 이르렀는데도 채찍을 휘두른다면 그것은 말의 죽음으로 이어질 수 있기 때문이다.

세기의 명작이라고 할 수 있는 두 영화, '바람과 함께 사라지다'와 '벤허'를 생각해 보자. 영화 '바람과 함께 사라지다'에서 여주인공 스칼렛은 애틀랜타에서 마차로 애슐리의 아내와 그의 갓난 아들 그리고 하인 한 명을 태우고 고향으로 돌아온다. 이때 스칼렛은 빨리 집으로 돌아가고 싶은 마음에 입에 거품을 무는 말에게 계속 채찍질을 가했고, 결국 그 말은 죽고 만다.

영화 '벤허'의 명장면인 마차경기에서, 벤허와 그의 경쟁자 메살라는 선두를 놓고 치열하게 경쟁한다. 벤허는 달리는 말에 채찍을 가하지 않았지만, 메살라는 계속해서 채찍을 가한다. 과연 누가 이겼을까? 한 번도 채찍을 들지 않은 벤허가 우승한 것을 영화를 본 사람이라면 모두 기억할 것이다.

스칼렛과 메살라의 행동은 시사하는 바가 크다. 앞에서 강조했듯이 먼저 말의 상태를 파악해야 한다. 무조건 채찍을 가하는 것이 능사가 아닌 것이다. 채찍질 이전에 말의 상태를 살펴야 하고, 또 마음으로 다가가야 한다. 말도 그러할진대 영적 인간은 그보다 더할 것이다. 많은 사람들이 근무하는 기관에 대한 정책도 마찬가지이다. 내가 경험한 토지주택공사는 열심히 달리는 말과 같은 기관이다. 지치고 힘든 말에게 자꾸 채찍을 든다면 종국에는 그 말은 죽게 되고 말 것이다. 우리는 이 점을 묵과해서는 안 된다.

연구원에 있으면서 느낀 점은 토지주택공사에 대한 개혁과 혁신의 요구만 있었지, 정작 공사가 어떤 상태에서 일하고 있는지에 대한 이해는 충분하지 않았던 것 같다. 앞으로 우리 사회가 토지주택공사를 바라보는 데 있어 전향적인 자세가 있길 기원하는 마음 간절하다.

연구원에서의 하루하루는 내게 배움과 보람의 시간이었다. 원장으로 가게 된 것이 내가 그 분야의 전문가였기 때문이 아니라 배우기 위해서 파견된 학생 같았다. 연구원에서 하는 다양한 실용 연구를 보면서 내 전공에 대한 이해가 깊어졌고, 연구원들과 함께 동고동락하면서 조직도 배웠고, 사회도 배웠다. 그리고 귀한 인연도 많이 만들었다. 소중한 추억의 시간을 함께한 연구원 모두에게 감사하는 마음이다.

연구원장을 하면서 가장 힘들었던 것은, 연말에 하는 연구원들에 대한 평가였다. 원장의 평가 결과는 연구원들의 승진과 성과급을 결정하는 데 중요하게 작용했기 때문에 신중하고 공정하게 해야 했다. 평가방식은 상대평가로 등급별 비율과 인원이 주어져 있어, 평가자는 주어진 조건에 따라 평가를 할 수밖에 없는 구조였다.

상대평가는 구성원들이 조직에 대한 기여를 명확하게 구분할 수 있는 기준이 있는 경우에는 객관적이고 공정한 평가 방법이라고 할 수 있다. 왜냐하면 그러한 평가 기준을 바탕으로 구성원들 간 성과 차이를 구분할 수 있기 때문이다. 이러한 평가방식은 조직관리 측면에서도 구성원들에게 경쟁 동기를 제공하고, 모두가 최선을 다하게 하는 분위기를 조성할 수 있다는 장점이 있다.

그러나 구성원 모두가 최선을 다해 근무하고 각자에게 주어진 목표를 달성한 경우, 그들을 대상으로 서열을 정하기란 매우 어려운 일이다. 열심히 근무한 사람 중에서 더 열심히 한 사람을 구분하기란 말처럼 쉽지 않기 때문이다. 특히 조직의 분위기가 침체되었을 때의 상대평가 방식은 또 다른 문제를 발생시킬 수도 있다는 점에서 조심스러웠다. 나는 토지주택연구원의 경우가 바로 그와 같았다고 생각했다.

상대평가 방식으로 연구원들을 평가하면서 그런 방식이 연구원의 분위기를 더욱 무겁게, 그리고 구성원들 간의 관계를 더욱 삭막하게 만들면 어떡하나 하는 점을 늘 걱정했다. 그래서 평가에 있어 명확한 기준을 찾으려고 노력했다. 조직관리에 있어서 어쩔 수 없지만, 조직의 특성을 고려하여 절대평가와 상대평가를 절충하는 방식도 있어야 한다는 생각도 했다.

연구원은 토지주택공사의 부설기관이고, 전체 공사 내의 기관평가에서는 사업본부와 같이 평가받도록 규정되어 있다. (물론 이

평가도 상대평가이다.) 사업 본부와 연구원을 동일한 선상에 놓고 평가하는 것은 말이 안 되는 것이었다. 사업 분야와 연구 분야를 어떻게 같이 평가한다는 것인지 이해가 되지 않았고, 결과는 연구원에 늘 불리할 수밖에 없다는 생각이 들었다.

한번은 기관별 직원들의 평가 결과를 심의 의결하는 과정에서 평가 결과를 보았더니 직원들의 결과가 상대적으로 좋지 못했다. (여기서 직원들이란 연구원 내 행정직원을 말한다.) 그래서 나는 결과를 수용하지 못하겠다고 하면서 위원으로 날인하지 않겠다고 고집도 부렸었다. 그때 연구원에 소속된 직원들에 대한 평가를 좀 더 신중하게 하겠다는 약속을 받고 나서야 날인을 한 적이 있었다. 그러한 약속이 지켜졌으리라 믿는다. 어쨌든 공사에서 연구원의 역할과 가치에 대한 사고의 전환이 진정 필요하다고 생각했다.

나는 취임 때 가졌던 초심이 임기의 마지막 날까지 변치 않도록 나름 노력했다. 그런 마음을 가지고 지내다 보니 2년이란 시간이 쏜살같이 흘렀고, 어느덧 임기의 끝이 다가오고 있었다. 내가 내심 걱정했던 것은 퇴임식이었다. 연구원들과 2년을 지내면서 그들과 정이 많이 쌓여 퇴임식 때에 눈물을 보이면 어떻게 하나 하는 걱정이 있었다.

오래전 수색대대 소대장을 할 때도 눈물을 흘린 적이 많았다. 정든 소대원이 전역할 때나 함께 고생했던 동기와 헤어질 때 그리고 내가 수색대대를 떠날 때도 눈이 부을 정도로 눈물을 많이 흘렸었다.

그러고 보니 난 원래 눈물이 많은 사람이었나 보다. 하여튼 마음을 굳게 먹고 퇴임식에 임했으며, 무사히(?) 퇴임식을 마치고 연구원을 떠났다.

연구원을 떠난 지금 내 마음속에는 기다림이 있다. 그것은 연구원과 토지주택공사에서 근무하는 직원 모두가 어려운 여건하에도 자신들의 역할에 최선을 다하고 있다는 것을 우리 사회 구성원 모두가 인정하는 날을 기다리는 것이다. 시간이 필요하겠지만 나는 그런 날이 올 것이라 믿는다. 사실 토지주택공사가 하는 일들을 한번 와서 체험한다면 공사에 대한 부정적인 생각은 말끔히 사라질 것이라 확신하기 때문이다.

연구원장 퇴임사 (2024.04.30.)

연구원을 떠나며 인사드립니다.

먼저 제가 2년간의 연구원장 임기를 무탈하게 마칠 수 있음을 기쁘게 생각합니다. 이렇게 임기를 마칠 수 있었던 것은 모두 여러분들의 덕분이며, 그동안 저와 함께해 주신 모든 분들께 깊이 감사드립니다.

2년 전 기대의 마음과 떨리는 마음으로 대전에 내려왔습니다. 잘할 수 있다는 자신감이 있었지만, 과연 잘할 수 있을까 하는 의심도 있었습니다. 하여튼 최선을 다하겠다는 생각뿐이었죠. 당시 저의 가장 큰 고민은 토지주택연구원의 명성을 되찾고, 연구원의 기여를 사회에 드러내기 위해 무엇을 어떻게 해야 하나 하는 것이었습니다.

연구실들의 업무보고를 받으면서 이렇듯 많은 연구를 하는 곳인데, 어찌 연구원의 존재를 알아주지 못하는지 의아해했고, 한편으로는 야속한 마음도 들었답니다. 그러나 외부의 인식에 관계하지 않고 연구에 임하는 연구원들의 진지한 태도에 놀랐고, 존경의 마음까지 갖게 되었습니다.

30년을 학교에서 가르치다 연구원에 온 저에게 모든 것은 생소했습니다. 아마 실수도 많았을 것입니다. 그러나 여러분들은 넓은 마음으로 저를 많이 이해해 주셨습니다. (감사합니다.) 생소한 환경 적응에 급급하다 보니 어느덧 2년이란 시간이 쏜 화살과 같이 빠르게 흘렀고, 이렇게 퇴임식을 하게 되었습니다.

되돌아보면, 지난 2년은 저에게 배움의 소중한 시간이었습니다. 전공과 관련 분야의 실용적 지식도 많이 배웠고, 조직과 사회도 많이 배웠습니다. 이러한 것들은 결코 교수 연구실에서 배울 수 있는 것이 아니었습니다. 이렇듯 귀한 시간을 보내었건만 제가 연구원의 발전을 위해 한 일이 별로 없는 것 같아 죄송한 마음입니다.

저는 연구원들을 보면서 적지 않은 감동을 받았습니다. 그들의 깊은 지식뿐만 아니라 올곧은 자세 때문이었지요. 사실 LH의 모든 분들은 기본적으로 겸손하고 충직한 분들입니다. 능력과 역량이 뛰어난 분들이 겸손의 자세를 가질 때, 그들은 참 아름답게 보입니다. 여러분 모두가 바로 그런 아름다운 분들입니다.

저는 연구원과 LH의 저력을 믿으며, 앞으로 어떤 어려움이 있더라도 잘 헤쳐 나아갈 것이라 확신합니다. 그러나 LH에 어려움이 그만 왔으면 하는 것이 저의 간절한 바람입니다. 사실 지금까지 받은 어려움과 고통만으로도 충분한 것 이상이었다고 생각합니다.

그래서 저에게는 기다림이 생겼습니다. 그것은 LH가 그동안 해

왔던 많은 사회적 기여를 왜곡됨 없이 정당하고 공정하게 평가 받는 것이고, 토지주택연구원의 위상도 한층 더 높아지는 것입니다.

연구원과 LH 구성원들의 역량을 고려해 볼 때, 이러한 저의 기다림 은 결코 허황한 것이 아닐 것입니다. 단지 약간의 시간은 필요할 것 같습니다. 우리가 조급함 없이 각자가 자신의 분야에서 전력투구 한다면, 머지않아 저의 기다림은 현실로 나타날 것이라고 믿습니다. 그러한 날이 속히 오길 기대합니다.

이제 저는 연구원과 LH에 대한 소중한 기억들을 가슴에 안고 떠납니다. 지난 2년 동안의 경험을 자랑스러운 저의 자산으로 삼겠습 니다.

끝으로, 연구원을 비롯한 LH의 모든 구성원들께 행운과 건승을 기원합니다. 그동안 여러분들과 함께해서 행복했고 감사했습니다. 그럼 안녕히 계십시오.

제5대 토지주택연구원장
김홍배 드림

보람과 감사 그리고 아쉬움이 교차한 시간

···

"주님, 그래도 제가 기본은 하지 않습니까?"라는 어리석고 교만한 생각을 가졌었던 것 같다.
그럼에도 불구하고 하나님은 내게 지혜를 주시고 모든 일들을 감당할 힘도 주셨다.

교수 30년 동안 교육과 연구 외에도 많은 외부 활동을 했고,
교회에서도 부족함은 있었지만 다양한 봉사를 했었다. 외부에서의
봉사와 활동을 생각하면, 지난 30년은(엄밀히 말해 연구원장 기간을
포함하면 31년 2개월이다.) '가르치고 봉사하며 배운 시간'이었다.
또한 나는 어느 것 하나 게을리하지 않으려고 노력했지만, 여러
일들을 동시에 하면서 모든 것에 동일하게 열심을 낼 수는 없었다.
일단은 시간이 정해져 있었고, 내 집중력과 에너지도 한계가 있었기
때문이다. 어찌했든 나는 시간을 빡빡하게 써야 했으며, 하고 싶은
일들을 우선순위를 정해서 해야만 했다.

평소에도 학생들에게 늘 강조했던 것은 시간을 빡빡하게 써야
한다는 것이었다. 그래야 다양한 일을 할 수 있으며, 이야기가 풍성한

삶을 만들 수 있고, 경쟁에서도 살아남을 수 있다고 말하곤 했다. 이 세상에서 시간만큼 공평한 것은 없다. 누구에게나 하루 24시간 그리고 일 년 365일이 공평하게 주어지기 때문이다. 그러나 시간을 어떻게 보내느냐에 따라 각자의 삶은 달라진다. 아마 하나님이 창조하신 최고의 걸작 중 하나가 시간이 아닐까 생각한다.

내가 경험한 학교 밖에서의 봉사는 교수 연구실에서 결코 배울 수 없는 것들이었다. 배움과 깨달음의 기쁨도 있었고 보람도 많았다. 특히 어떤 조직이나 기관의 대표를 맡으면서, 사회도 그리고 봉사의 자세도 좀 더 깊이 있게 알게 되었다. 특히 봉사의 자세는 책임감을 가지고 공동체를 우선 생각하는 선공후사(先公後私)의 자세였으며, 그런 자세가 가장 안전한 자세임을 깨달았다.

지금도 책임감을 생각하면 군 생활을 잊을 수 없다. 젊은 시절의 소대장 생활은 비록 짧았지만, 평생 지워지지 않는 소중한 재산을 내게 주었다. 그리고 기관의 대표는 군림하는 자리가 아니라 조력자의 자세가 바람직하다는 것도 내가 배운 것 중의 하나이다.

조력자의 자세는 학교에서 보직을 맡을 때나 외부에서의 기관 대표를 맡았을 때도 동일하게 취했던 자세이다. 공동체 구성원들이 기뻐하고 행복해할 때, 나도 기쁘고 행복했다. 그래서 어떤 기관의 대표를 맡았을 때, 내가 주력했던 것은 공동체의 구성원들을 격려하고 일에 열심을 내도록 동기를 부여하려고 노력한 것이었다.

외부에서 한 봉사를 생각해 보면, 무엇보다도 그런 기회를 주신 하나님께 그리고 나와 함께한 사람들에게도 감사하는 마음이다. 어디를 가나 좋은 사람들을 만났다. 학교에서뿐만 아니라 학회와 협회 그리고 연구원에서도 좋은 사람들을 만났다. 그래서 사람들에게 나를 소개할 때마다 자신 있게 하늘에서 인복을 엄청 많이 받은 사람이라고 말해왔다. 정말 하나님께 받은 복 중에서 가장 큰 복은 아마 인복이 아닐까 싶다.

언급했듯이, 어떤 봉사를 맡든 열심히 했는데, 남들은 내가 그런 생활을 즐긴다고 생각했을지 모른다. 실제로 아내를 포함한 주변의 여러 사람들은 내게 일을 즐기는 것 같다고 말하곤 했지만, 사실은 즐기는 것이 아니라 책임감을 지니고 맡은 일에 충실히 하려고 노력했을 뿐이다. 그러나 정작 열심히 했어야 하는 일에는 그렇지 못했다. 해야 할 일들의 우선순위에서 늘 뒤로 밀리는 것이 있었는데, 그것이 바로 가장으로 가족을 돌보는 것과 믿음 생활이었다.

가장으로서의 역할에 있어서는 마음만 있었다. 이에 대해서는 변명의 여지가 없다. 가족과 함께 많은 시간을 보내야 했는데 그렇게 하지 못했다. 아이들을 생각하면 늘 아쉬운 대목이고, 미안한 마음이다. 그래도 지금의 딸과 아들을 보면 잘 자라 주어 얼마나 고마운지 모른다. 그들을 위해 아내가 정말 수고가 많았으며, 그런 아내에게 늘 감사하는 마음이다.

그리고 믿는 사람으로서 본을 보이지 못한 것도 아쉬움이 많이 남는다. 이 부분은 아쉬움보다는 오히려 두려운 생각이 들 정도이다.

남들에게 본을 보일 기회가 많았음에도 불구하고 그러지 못했던 것이다. 함께했던 사람들에게 하나님의 축복의 통로가 되어야 했음에도 불구하고 혹시 나로 인해 하나님의 영광이 가려지지는 않았는지, 한편으로 두려움이 슬며시 고개를 들 때도 있다.

그리고 어떤 조직의 대표를 맡았을 때, 그 조직과 자신을 위해 기도가 절실히 필요했는데도 불구하고 그렇게 하지 못했다. 모든 능력이 하나님께로부터 나온다는 것을 누구보다도 잘 알고 있었는데도 말이다. 아마 내 머릿속에는 교회에서 봉사하는 것만 가지고 "주님, 그래도 제가 기본은 하지 않습니까?"라는 어리석고 교만한 생각이 있었던 것 같다. 그럼에도 불구하고 하나님은 내게 지혜를 주시고 모든 일들을 감당할 힘도 주셨다. 이 점을 생각하면 하나님께 감사와 찬양을 돌리지 않을 수 없는 것이다.

제6장

돌아보니 은혜의 연속이었네

하나님은 내가 믿음을 가졌을 때나 그렇지 않았을 때도 변함없이 나를
인도하셨는데, 그 이유는 바로 나를 위한 누군가의 기도가 있었기 때문이다.
지나온 일들을 생각해 보니 정말 하나님께 드리는 기도는 땅에 떨어지지
않음을 알게 되었다.

하나님의 은혜

....

돌아보면 뚜렷하게 남는 것은 하나님의 은혜뿐이다.
내가 열심히 산 것이 아니고 하나님이 열심히 내 길을 인도하셨던 것이다.

소망과 열심

지난 세월을 되돌아보니 내가 했던 선택들 중에 잘했던 것이 많았음을 알게 된다. 사실 선택할 당시에는 결과에 대한 확신을 갖지 못해 늘 긴장하며 전력투구했다. 이런 것을 되돌아보면 내 아이콘은 긴장과 전력투구가 아닐까 싶다. 사람들은 긴장을 풀고 행동하라고 하지만 어떤 일을 하든지 적당한 긴장은 필요하다는 것이 내 생각이다.

내가 했던 선택들을 생각하면 분명한 것이 있는데, 그것은 바로 하나님이 소망을 먼저 주셨고, 그 소망을 이루기 위해 열심도 주셨다는 것이다. 우리 인간이 신으로부터 부여받은 능력은 실로 무궁하지만 많은 사람들이 우리 안에 잠재된 그 능력에 대해서는 잘 모르는 것 같다. 잠재되어 있다는 것은 겉으로 드러나지 않고 숨어 있음을 의미하기 때문에 외부로 드러낼 기회가 없으면 영원히 표출되지 않는 것이 잠재력이다. 그래서 자신의 잠재력을 발견하고 깨울 수 있는 기회를 가진 사람은 행운아인 것이다.

내 선택의 결과는 긴장하고 전력투구했던 내 열심 때문이 아니라 부여받은 무한한 능력 때문이었다. 이것은 내가 무한한 능력의 소유자임을 말하고자 함이 아니라, 인간이 근본적으로 무한한 능력을 지니고 태어났음을 강조하기 위함이다. 이런 면에서 보면 나도 행운아에 속한다고 할 수 있다.

물론 내가 결정하고 선택한 것 중에 생각대로 되지 않은 크고 작은 것들이 당연히 있다. 대표적인 것이 군인의 길이었다. 군인이 되겠다는 꿈을 가지고 ROTC를 지원했고, 병과도 보병으로 선택했었다. 전방사단의 수색대대 소대장과 신병교육대 교관으로 열심히 근무했지만 결국은 전역했어야 했다.

군인의 꿈은 다 이루지 못했으니 그 선택은 잘된 것이 아니라고 말할 수 있다. 그러나 28개월 동안 장교로 근무하며 몸에 밴 책임감은 평생 남는 나의 귀한 재산이 되었고, 그 책임감 때문에 지금의 내가 있다고 해도 과언이 아니다. 비록 전역하기는 했지만, 보병장교로서의 군 복무는 내가 몸과 마음의 자세를 배울 수 있었던 정말 좋았고 잘한 선택이었다.

군 복무를 마치고 사회에 나갔을 때는 뚜렷한 목표가 없어 내

처지는 그야말로 바다 한가운데 표류한 배와 같았으며, 내 인생에서 가장 방황하고 위험했던 순간이었다. 그러나 대우에서의 바쁜 일과 대학원에서의 공부는 나로 하여금 그런 위기를 극복할 수 있게 했다. 또한 개발사업의 기획 업무를 하면서 도시계획과 경제에서 이루어지는 민간부문의 역할에 대해서도 이해가 깊어졌다. 나라가 발전할 때, 모든 지역이 같은 방향으로 성장하는 것만이 아니라, 반대 방향으로 쇠퇴하고 소외되는 지역들이 생긴다는 문제도 인식하게 되었다.

국토의 불균형 발전을 생각하며 학부 시절 흥미를 느끼지 못한 도시계획의 가치를 발견할 수 있었고, 공부를 더 하고자 유학도 결심했다. 대우에서의 시간은 내게 여러 측면에서 의미가 컸다. 우선은 군인의 길이 좌절되면서 방황했던 내가 꿈과 희망을 보게 된 시기였으며, 사회현실과 도시계획의 중요성을 깨닫게 된 시간이었다. 또한 치열한 여건 속에서 시간을 쪼개서 활용하는 방법을 스스로 배운 시간이기도 했다.

유학을 하면서 교수가 되는 것을 목표로 정했는데, 오하이오 주립대학교와 훌륭하신 교수님을 지도교수로 선택한 것은 내겐 행운이었다. 고뇌를 통해 생각이 깊어짐을 배웠으며, 그런 고뇌의 순간은 병아리가 알을 깨고 나오기 위해 감내해야 하는 고통과 같이 절대적으로 필요한 과정이라는 것도 깨달았다. 유학은 공부를 위해 간 것이니 무엇보다 공부가 중요했지만, 내게 더 중요했던 것이 있었는데, 그것은 바로 하나님을 믿는 신앙을 갖게 된 것이었다. 유학기간 침례도 받았고, 믿음이 깊은 사람들과 교제도 했으며, 교회에서 다양한 봉사를 기쁨으로 했었다.

공부를 마치고 졸업식에 참석했을 때 나는 한없이 기쁠 것으로 생각했는데, 오히려 큰 허무를 느꼈었다. 성실하게 5년간 공부했건만 막상 아는 것이 별로 없다는 사실에 놀랍고 두려운 마음마저 들었었다. 그러나 허무하고 두려웠던 마음은 하나님이 예비하신 기회에 대한 기대와 그에 임하는 각오로 바뀌었었다. 하나님은 나를 대학교수로 인도하셨고, 한양대학교 도시공학과에서 30년간 교육과 연구 그리고 학교 내부와 외부에서 다양한 봉사에 참여할 수 있는 기회도 마련해 주셨다.

대학 졸업 후 지금까지 내 삶은 성공적이었고 행복했다고 감히 자평해 본다. 내가 잘한 선택 중에서 최고의 선택은 뭐니 뭐니 해도 아내가 아닐까! 나는 나의 아내로 인해서 지금의 내가 있다고 철석같이 믿는다. 물론 종교도 선택이었다고 말할 수 있겠지만, 최소한 내 경우에는 내가 선택했다고 말하기는 어렵다.

내 삶은 치열하기는 했지만, 전체적으로 별 어려움 없이 순탄했고, 기쁨과 보람의 순간도 많았었다. 물론 살다 보니 크고 작은 일들 때문에 괴롭고 힘든 시간이 있었으며, 슬픈 시간도 있었다. 아마 내 인생에서 가장 슬펐던 시간은 아내의 몸에서 암이 발견되었을 때일 것이다. 심성이 착한 사람이 결혼을 반대하는 집안에 시집와서 고생도 많았지만, 가족 모두가 좋아하는 사람이 되었으며, 시부모에게는 가장 든든한 의지처가 되어 주었다. 그런데 그만 몸에서 암이 발견된 것이었다.

아내는 내게 한마디로 수호천사와 같은 존재였고, 자신보다 나를 더 사랑했던 사람이다. 그런 아내에게 암이 생겼다고 하니 하늘이 무너져 내렸다. 당시에는 아내와 함께 외출하다가도 눈물을 감추고자 전화가 왔다고 핑계 대면서, 전화기를 들고 화장실이나 다른 곳으로 가기를 여러 번 했다.

2016년 2월 말 열렸던 학회 총회에는 회장과 2명의 부회장을 선출하는 선거가 있었다. 그때 아내가 암이라는 사실을 알게 되었다. 물론 그 전에 병원에서 정밀검사가 필요하다고 했을 때부터 암의 가능성에 대해 짐작은 하고 있었지만 그래도 아닐 수 있다는 일말의 희망을 지니고 있었다. 회장 후보자로 소견 발표를 준비하고 있었는데, 딸이 울면서 아내가 암이라는 진단 결과를 받았다는 사실을 알려주었다. 큰 충격을 받았지만 나는 그야말로 온 힘을 다해 소견 발표를 마쳤다. 그리고 투표 결과 회장으로 당선되었다. 회장은 단독출마였기 때문에 결과는 이미 예상된 바였다.

여홍구 교수님은 제자가 도시계획 분야의 대표학회에 회장이 되었음을 기뻐하며, 당선 축하 인사를 아내에게 직접 전화하시겠다고 번호를 물어보셨다. 그러나 내 얼굴에 근심이 가득 차 있음을 보시고는 왜 그러냐고 안타까워하셨다. 그만큼 나는 기쁜 순간에도 웃을 수 없었던 것이다.

당시 내 심정은 놀람과 걱정과 근심으로 가득했지만, 한편으로는 하나님이 아내와 함께하시리라고 믿는 마음이 있었다. 따라서 아내의 암이 하나님의 보호하심 아래 잘 치료될 것이라는 확신도 있었다. 사실 아내의 암은 정말 기막히게도 우연이지만 필연과도 같이 발견되었다. 신체검사에서 그냥 대수롭지 않게 넘어갈 수도 있는 상황이었다. 하지만 만일 그냥 넘어갔다면, 그 암은 후에 심각한 수준에 이를 수도 있었다. 이러한 과정 가운데 나는 하나님께서 '왜 아내에게 암을 허락하셨을까?' 하는 의문이 남는다.

하나님의 의도는 주변에 있는 암 환자들을 위로하고, 그들을 하나님께 인도하라는 사명을 아내에게 주시기 위해서였다는 확신이 들었다. 그리고 내 확신대로 아내의 수술은 성공적이었고, 5년 동안 무사히 치료를 잘 받았다. 아내의 암은 완치가 없다고 해서 지금은 일 년에 한 번씩 검사를 주기적으로 받고는 있으나, 앞으로도 문제는 없을 것이라고 믿는다.

내가 왔던 길을 정리해 보니 이전에 경험했던 모든 것들과 어렵고 가슴 졸이던 일들이 한없이 작게만 보인다. 결국 되돌아보니 뚜렷하게 남는 것은, 하나님의 은혜뿐임을 깨닫게 되었다. 이를 생각하면, 내가 열심히 산 것이 아니라, 하나님께서 내 길을 변함없는 은혜로 사랑 가운데 인도하셨음을 고백하지 않을 수 없다!

땅에 떨어지지 않는 기도

앞에서 여러 번 강조했듯이, 내 삶은 축복의 삶이었다. 하나님을 위해서 내가 특별히 무엇을 해서 그런 축복을 받은 것이 아니라, 하나님이 일방적으로 소망도 주셨고, 그것을 이룰 수 있도록 열심도 주셨다. 그래서 내가 모든 것을 혼자의 힘으로 했다고 말할 수는 없는 것이다.

나는 하나님의 축복이 1979년 가을 다락방을 떠나면서 했던 기도를 기억하셨기 때문일 것이라고 믿었다. 그리고 내가 전부터 이 책을 써야겠다고 생각할 때까지만 해도 책의 핵심은 하나님이 우리들의 기도를 들으시고 기억하신다는 것이었다. 물론 내 기도를 기억하신 것은 분명하지만, 그 이전에 나를 위해 절박한 심정으로 기도를 했던 분이 있었다는 것을 최근에야 알게 되었다.

2022년 1월 9일 주일에 어머니의 고관절이 골절되는 사고가 있었다. 주일 예배를 드리고 어머니를 찾아뵈었는데, 그때 방에서 일어나시다가 털썩 주저앉으면서 그만 고관절이 골절된 것이었다. 그 후 수술을 통해 일어나시기는 했지만 2023년 가을부터 침대에서 누워 생활하셔야 했고, 그래서 나는 무엇보다 어머니가 주님을 영접하는 것이 급하다고 생각해서 교회 목사님께 연락을 했다.

목사님이 오셨을 때, 어머니는 오래전에 교회에 가서 아들을 허락해 달라고 하나님께 간구했다는 사실을 말씀하시는 것이었다.

우리 형제는 2남 3녀이고, 나는 위로 누이가 3명이 있는 장남이다. 3명의 딸을 연속으로 출산하면서 어머니는 시부모로부터 아들을 낳지 못하는 것에 대한 압박을 심하게 받았던 것이다.

당시에는 지금과 달리 아들에 대한 높은 선호 분위기가 사회 전반에 흐르고 있던 시절이었다. 그래서 어머니는 절박한 마음으로 교회를 찾으셨다고 한다. 그런데 그런 어머니의 간절한 기도를 하나님이 들으셨고, 응답하셨던 것이다. 그런 은혜를 받았던 어머니가 왜 불교로 개종했는지 그 사정을 알 수는 없으나, 어머니는 다행스럽게 다시 예수님을 영접하셨다. 어찌했던 나는 어머니의 말씀을 듣고는 적이 놀라지 않을 수 없었다.

지금까지 살아오는 동안 알 수 없는 힘에 의해 위험한 순간마다 보호받았다는 느낌이 있었다는 것이 떠올랐다. 그리고 처음 교회에 갔을 때 마음 깊은 곳으로부터 우러나오는 기쁨이 있었다는 것도 기억하게 되었다. 1986년 아내를 위로하기 위해 영락교회를 갔었지만, 오히려 내 마음은 기쁨으로 가득 차 있었다. 마치 하나님께서 "아들아, 왜 이제야 오느냐?"라고 하시면서 나를 반기시는 것 같았다.

수색대대 소대장으로 근무할 때도 비무장지대에서 아찔했던 순간들이 있었으나 무사할 수 있었다. 1986년 여름 도산서원에서 아내와 함께 길을 따라 내려올 때도 작지 않았던 뱀이 우리 앞을 가로막았을 것인데, 하나님이 자동차를 먼저 보내셔서 위기를 피할 수 있었다. 1988년 5월 허파에 물이 찼을 때도 어려움을 극복하고 공부를 지속할 수 있었다. 1989년 12월 31일 저녁 학교 사무실에 혼자 있을 때 내게 약속의 말씀을 주셨으며, 1994년 여름 여러 일들로 인해 낙심했을 때도 위로의 말씀도 주셨다. 2004년 2월 인도의 뉴델리에서 찬디가르로 가던 중 객차로 총알이 날아왔을 때도 하나님은 나를 보호해 주셨다.

그리고 아내와 결혼하게 된 것도 하나님이 준비하셨다고 믿는다. 후배 사원이 독실한 기독교인을 소개하겠다고 해서 아내를 만나게 되었고, 만남이 중단될 위기에 누군가가 나서서 만남을 이어지게 했으며, 결국은 어려운 과정을 거치면서 결혼으로 이어지게 되었다. 이와 같이 나의 모든 것이 순탄하게 전개되었던 것은 자연적으로 된 것이 아니라, 하나님의 인도하심과 보호하심이 있었기 때문이다.

하나님은 내가 믿음을 가졌을 때나 그렇지 않았을 때도 변함없이 나를 인도하셨는데, 그 이유는 바로 나를 위한 누군가의 기도가 있었기 때문이다. 지나온 일들을 생각해 볼수록 하나님께 드리는 기도는 땅에 떨어지지 않음을 알게 되었다.

어머니의 간절한 기도로 내가 태어났고, 아내의 기도가 늘 있었으며, 주변의 많은 사람들이 나를 위해 기도했었다. 나를 위해 기도한 사람이 많았음을 생각하니, 나는 참으로 복이 많은 사람임을 느끼게 된다. 그리고 하나님은 우리들의 기도를 들으시고 기억하시며 기다리시는 전능자이심을 다시 한번 생각하게 된다.

책을 쓰면서 언급하진 못했지만 내 안에 있는 죄악 된 본성 때문에 지금까지 살면서 했던 말과 생각 그리고 행동들이 계속해서 기억나면서 나를 괴롭혔다. 만일 그런 것들이 거울과 같이 생생하게 드러났다면, 과연 내가 얼굴을 들고 다닐 수 있었을까? 그리고 이 책을 쓸 수 있었을까? 생각해 본다.

나 자신의 죄악 된 본성을 기억할 때마다 늘 나는 자동적으로 하나님의 은혜를 생각하게 된다. 그러면서 나 같은 사람이 어떻게 하나님의 그 많은 축복을 받을 수 있었는지 의아하기만 하다. 시편 32편에 나오는 다윗의 고백이 진정 내 고백으로 다가온다. 허물 많고, 많은 죄를 지은 나와 같은 사람을 축복하신 것은 하나님의 은혜라고밖에는 무슨 말로도 표현할 길이 없다. 그래서 지난날을 회고해 볼수록 결국 하나님의 은혜만 남게 된다.

> [1]허물의 사함을 얻고 그 죄의 가리움을 받은 자는 복이 있도다. [2]마음에 간사가 없고 여호와께 정죄를 당치 않는 자는 복이 있도다." (시 32편 1~2절)

남은 날들을 위한 밑그림

이제는 목표를 향해 달려가는 삶이 아니라,
하나님이 허락하신 지금의 삶에, 그리고 할 수 있는 것에 초점을 맞춰
하루하루의 삶에 충실하고자 하는 마음이다.

지금까지 난 장래 목표 설정과 함께 늘 기다림 속에서 살았다. 대학생 시절에는 멋진 지휘관을 준비하며 임관을 기다렸고, 대우에 근무할 때는 도시계획 전문가가 되려고 공부하며 유학을 기다렸다. 유학생 때는 교수의 꿈을 갖고 그런 날이 올 것을 준비하면서 기다렸다. 교수가 되었을 때는 좀 더 학문이 깊어지는 날을 기다렸고, 학교 안팎에서 한 단계 높은 수준에서 봉사할 수 있는 기회를 기대하며 기다렸다.

인생이란 뜻대로 계획대로 풀려나가지 않는다고들 한다. 도시계획을 45년 이상 했지만, 나는 계획대로 되지 않는 것이 도시계획이라고 말한다. 우리가 하는 일에는 확실한 것은 없다. 적어도 우리 눈에는 그렇게 보인다. 하지만 하나님의 눈으로 보면 불확실한

것이 없을 것이다. 내가 왔던 길도 하나님 보시기에는 분명했다. 단지 내가 모르고 있었을 뿐이다.

그럼 이제 남은 날을 어떻게 살아야 할까? 삶의 여건이 전에 비해 많이 바뀌었으니 내 선택도 바뀌어야만 할 것이다. 이제는 삶의 패러다임이 전환되어야 할 것 같다.

'하고 싶은 것에서 할 수 있는 것으로!
기다림에서 지금으로!'

이렇게 내 삶의 전체 패러다임을 바꾸고 싶다.

나는 지금까지 목적 지향적으로 살아왔다. 이렇게 된 데에는 태생적인 면도 있겠지만, 전공의 영향도 무시할 수 없을 것이다. 도시계획은 장래 20년이라는 목표연도를 정하여 도시가 나가야 할 방향과 목적을 설정하고, 이로부터 다양한 부문의 계획을 수립하는 것이다. 이런 일에 집중하다 보니 자연히 내 삶도 목적지향적이 되지 않을 수 없었다. 목적을 세우고 이를 달성할 수 있는 다양한 방법 중 내게 적합한 방법을 선택하여 전력투구하였다. 목적을 이루기 위해 지금 최선이 무엇인가를 고민하며 살아왔던 것이다.

이제는 목표를 향해 달려가는 삶이 아니라, 하나님이 허락하신 지금의 삶에, 그리고 하고 싶은 것보다는 할 수 있는 것에 초점을 맞춰 하루하루의 삶에 충실하고자 하는 마음이다. 다음에 소개하는 시는 결혼 20주년을 맞이하여 아내를 위해 지은 것이다. (2007년은 결혼 20주년이 되는 해였고, 내가 50세가 되던 해였다.) 그 시는 결혼 40주년, 즉 내가 70세가 되었을 때의 개인적인 소망에 대한 내용이지만, 거기에는 거저 받은 하나님의 사랑과 은혜에 대한 감사의 내용이 없다.

하나님 때문에 지금의 내가 있다고 하면서 시에서 감사의 내용이 없으니 하나님께서 조금은 서운해하시지 않았을까? 이제 70세가 되기까지 시간이 얼마 남지 않았다. 그 시를 쓸 때는 70세까지의 시간이 아주 멀리 있다고 생각했는데, 이제 코앞으로 다가온 것이다. 정말 시간이 빠름을 실감한다. 아무튼 70세가 되었을 때는 '내가 90세가 되었을 때…'의 시를 준비해야 하지 않을까? 그때는 하나님으로부터 받은 은혜를 기억하며, 감사의 시를 써야겠다는 생각이다.

이제는 지금 무엇을 하며 어떻게 보낼 것인가를 구체적으로 고민해야 할 때이다. 그 고민에는 다음과 같은 것이 포함되어야 할 것이라 생각한다.

- 나를 인도하신 하나님을 주변에 알리는 것
- 내게 주신 아이들에게 사랑을 마음껏 표현하는 것
- 보고 싶은 사람들을 늦지 않게 만나는 것
- 체력이 허락하는 한 아내와 함께 가고 싶은 곳을 찾아다니는 것
- 아내와 함께 맛있는 음식점도 찾아다니는 것
- 하고 싶은 연구도 계속하는 것

- 눈의 상태가 허락하는 수준에서 읽고 싶은 책들을 읽는 것
- 악기(기타)도 체계적으로 배우는 것
- 한국어 자격증을 취득하는 것
- 기타

노년을 아름답게 보내는 방법에 대해서도 지속적으로 생각하고 고민하려고 한다. 아직 해야 할 일들이 많고, 해야 할 일들이 많다는 것은 감사하고 행복한 일이 아닐 수 없다.

앞으로 해야 할 일들을 고민해 보니 여러 생각이 복잡하게 떠오르며, 기술적으로 가능한 실행방안을 만들어야겠다는 생각에 다시 마음이 급해지기도 한다. 도시계획을 평생 했으니 실력을 발휘해 나와 아내를 위한 실행력 있는 종합계획을 수립하려고 한다. 아직 시간이 있으니 서두르지 말고 멋진 계획을 만들어야겠다. 다시 한번 오늘도 고민하고 할 일이 있음에 감사한다.

결혼 20주년을 맞아 아내에게 쓴 시

"내가 70이 되었을 때"

내가 70이 되었을 때
나는 머리카락도 얼마 안 남았을 것이고,
피부도 거칠어졌겠지요.

어느 곳에 가든 모두들 나를 노인이라고 할 거예요.
또한 버스나 지하철의 경로석에 앉는 것도 익숙해졌겠지요.
그때가 되면 나는 건강할까요? 모든 것을 혼자 해낼 수 있을까요?

이전에 세웠던 많은 계획에서 계획대로 된 일이 얼마나 될까요?
답답한 마음에 짜증도 화도 많이 내겠지요.
그때가 되면 당신은 내 투정을 지금같이 잘 받아줄 건가요?
그때도 영화 보러 가자고, 드라이브하자고 할 건가요?

내가 70이 되었을 때 당신은 어떻게 변했을까요?
소녀 같은 수줍음을 지닌 건강하고 인정 많은 할머니가 되었을까요?
아니면 잔소리만 하는 꼬부랑 할망구가 되었을까요?
그때에도 당신은 내게 시간을 내달라고 조를 건가요?
아니면 이제는 제발 놓아달라고 애원할 건가요?

내가 70이 되었을 때 우리 자식들은 어떻게 변했을까요?
수정이와 형종이는 행복하게 살까요?
그들은 어디서 살며, 사위와 며느리는 과연 어떤 사람일까요?
손주들은 우리를 좋아할까요? 아니면 당신만을 좋아할까요?

누구도 피할 수 없이 그때가 곧 오겠지요.
참으로 그날이 궁금해지는군요.
무엇보다도 그때에 우리는 재미있고 행복하길 간절히 바랍니다.
운동도 함께하며, 맛있는 음식점도 찾아다닐 정도로 건강하였으면
합니다.

가끔은 둘이서 더 가끔은 가족 모두와 함께 해외여행을 할 수 있는 경제적 여유도 있었으면 좋겠습니다.

그때가 되면 나는 마음속에 평생 감추어왔던 말을 당신한테 할 수 있을 거예요. 수고했다고, 내 곁에서 있어 고마웠다고, 그리고 당신이 있어 행복했다고….

2007년 06월 OO일

김홍배

에필로그

      대학 졸업 후의 삶을 기간별로 구분하여 한장 한장 쓰다 보니 마치 영화 '백 투 더 퓨처'의 타임머신인 들로리안을 타고 과거로 시간 여행을 다녀온 느낌이다. 지금까지 내가 받은 많은 축복들이 모두 나의 열심으로 이루어냈다고 생각해 왔는데, 돌이켜보니 모두 착각이었다. 본문에서 여러 번 언급했듯이 하나님은 내게 소망의 길을 찾게 하셨으며, 나는 단지 그 길을 따라 열심만 내었을 뿐이라고 생각했다. 그런데 그 열심 또한 하나님이 주신 것이었음을 깨닫게 되었다.

    내 길을 인도하신 하나님의 열심이 내 열심보다 훨씬 컸음을 깨닫게 된다. 돌아보니 모두가 다 하나님의 은혜였을 뿐이었다. 과거로의 시간 여행 속에서 나는 점점 작아졌고, 하나님의 은혜는 커져만 갔다.

    우리는 우리가 무엇을 기도했는지조차 잊게 마련이지만, 하나님은 잊지 않으신다. 하나님은 우리의 기도를 들으시고 기억하시며 응답하신다. **우리는 우리의 기도와 우리가 받은 은혜를 흐르는 물에 새기며 "내가 언제 그런 기도를 했고, 언제 은혜를 받았는가?"라고 말하지만, 하나님은 우리의 기도를 돌에 새겨 기억하신다.**

지금까지 나는 늘 내 관점에 충실했고, 하나님에 대해서조차 내 관심만을 고수해 왔다. 종종 비행기를 타고 해외에 갈 때면 보게 되는 도시의 수많은 집들, 그 집들을 보면서 나는 가끔 저 많은 집에 살고 있는 사람들이 모두 간절한 기도 제목이 있을 것인데, 과연 하나님은 그들의 모든 기도를 들으실 수 있을까 하는 생각을 하기도 했었다. 이렇듯 나는 하나님의 무한하심을 인간의 유한한 수준으로 끌어내리려고 했을 때가 많았던 것이다.

지금까지 하나님으로부터 큰 은혜를 받았지만, 그에 적합하게 살아왔는가 하는 질문에는 늘 고개가 절로 숙여진다. 거저 받은 큰 사랑을 남들에게 전하는 일에도 얼마나 인색했는지, 그리고 그동안 했던 생각과 말, 행동에서도 부끄러움이 많았다.

책이 출간된다고 하니 홀가분함과 두려움이 교차한다. 전공 서적을 출간할 때는 늘 홀가분했었지만, 이번에는 두려움과 부담감이 더 크게 느껴진다. 왜 그럴까? 이 책의 내용이 하나님의 기억과 역사하심을 말하는 데 너무 개인적이고 소소한 내용이 아닐까 하는 걱정 때문이다.

분명하게 말하지만, 나는 능력이 작은 사람이고 믿음도 미약한 사람이다. 이것은 겸손이 아니다. 사실이다. 그러나 내가 어떤 사람이든 변하지 않는 사실이 있다면, 그것은 하나님이 나를 인도하셨다는 것이다. 그래서 나는 걱정과 부끄러움을 모두 잊고, 하나님이 나를 인도하셨다는 사실만을 마음속에 대문자로 새겨놓기로 했다.

아무쪼록 내 이야기가 믿음이 큰 사람이든 하나님을 믿지 않는 사람이든 모두에게 어떤 의미가 있길 기원한다. 하나님은 우리의 간절한 기도를 기억하심을 모두가 믿게 되기를, 그리하여 기쁨으로 기다리면서 활력 있는 삶을 영유하기를!

김흥배 ‖ 한양대학교 도시공학과 명예교수

학력

- 1988-1992 The Ohio State University 도시 및 지역계획학 박사
- 1985-1987 한양대학교 공학석사
- 1978-1982 한양대학교 공학사

경력

학교

- 1993-2024 한양대학교 도시공학과 정교수
- 2015-2019 한양대학교 도시대학원장 겸 부동산융합대학원장
- 2013-2015 한양대학교 학생처장
- 2011-2013 한양대학교 공과대학 교무부학장(교무위원)
- 2004-2006 한양대학교 교무처 교무실장

학회

- 2016-2018 대한국토 · 도시계획학회 회장
- 2012-2016 대한국토 · 도시계획학회 학술 및 행 · 재정 부회장

공공기관 및 협회

- 2022-2024   토지주택연구원 원장
- 2019-2024   한국도시계획가협회 회장

기타

- 2019-2022   LHI 저널 편집위원장
- 2016-2020   국토교통부 국토정책위원회 평가분과 위원장 및 위원
- 2016-2018   국토교통부 성과평가위원회 위원장
- 2011-2013   국무총리실 세종시지원위원회 위원
- 2011-2013   국토교통부 중앙도시계획위원회 위원

수상경력

- 2013 한양대학교 저명 강의 교수(HYU Distinguished Teaching Professor) 선정
- 2006-2015 한양대학교 Best Teacher 및 강의 우수 교수 선정(다수)

단독 저서

- 『젊은이여, 몸과 마음의 허리를 곧게 펴라』, 올리브나무, 2022
- 『도시 및 지역경제 분석론』(개정판), 기문당, 2016
- 『정책평가기법: 비용-편익 분석론』, 나남출판, 2012
- 『입지론: 공간구조와 시설입지』, 기문당, 2011